CAI TIANSHOU
THE LEGEND OF
A MAN FROM JINJIANG

蔡天守：

一位晋江人的传奇

朱水涌　著

厦门大学出版社
XIAMEN UNIVERSITY PRESS

国家一级出版社
全国百佳图书出版单位

图书在版编目(CIP)数据

蔡天守：一位晋江人的传奇/朱水涌著.—厦门：厦门大学出版社，2021.1
ISBN 978-7-5615-7956-5

Ⅰ.①蔡…　Ⅱ.①朱…　Ⅲ.①蔡天守—传记　Ⅳ.①K828.2

中国版本图书馆 CIP 数据核字(2020)第 211896 号

出 版 人	郑文礼
责任编辑	王鹭鹏
封面设计	李夏凌
版式设计	赖日成
技术编辑	许克华

出版发行　厦门大学出版社

社　　址	厦门市软件园二期望海路 39 号
邮政编码	361008
总　　机	0592-2181111　0592-2181406(传真)
营销中心	0592-2184458　0592-2181365
网　　址	http://www.xmupress.com
邮　　箱	xmup@xmupress.com
印　　刷	厦门市明亮彩印有限公司

开本	720 mm×1 000 mm　1/16
印张	18
插页	1
字数	208 千字
版次	2021 年 1 月第 1 版
印次	2021 年 1 月第 1 次印刷
定价	60.00 元

本书如有印装质量问题请直接寄承印厂调换

厦门大学出版社
微信二维码

厦门大学出版社
微博二维码

"爱拼才会赢"，一首脍炙人口的闽南语歌曲唱出晋江人民奋力打拼的顽强意志，也道出当代中国命运转折的深刻原因。改革，永远是开拓者的事业、拼搏者的舞台。从改革开放四十周年的新起点扬帆再起航，不断激发爱拼会赢、敢为人先的勇气和智慧，勠力同心，开拓进取，我们必将书写无愧于时代和人民的改革新答卷。

——新华社评论员文章《弘扬"晋江经验"再谱改革新篇》

新华社电2018年7月8日

序

黄文麟

　　庚子初夏的一天，《中国企业报》驻福建记者站负责人高建生，陪福建天守集团董事长蔡天守光临寒舍，邀请我为完稿的《蔡天守：一位晋江人的传奇》一书作序。我多年未给个人出书写序了，出于礼貌，不好当面谢绝，只表示："看看书稿再说！"

　　初识蔡天守，是在我担任福建省企业与企业家联合会的会长期间，二〇〇六年他当选"福建经济年度杰出人物"以及二〇〇九年他荣获"第十三届福建省优秀企业家"的表彰会上，都有会晤，之后陆续耳闻目睹他的事迹。读完书稿，个中情景令人感动，我与企业、企业家的情结油然而生。全书出彩之处甚多，尤其是他上中学初一就辍学这一段与我相似的经历，详看书中的描述又有了"痛失学志"的同感，这些"情结"与"同感"，促使我最后承诺为本书写几点感想。

　　有道是书写人生，人生成书。综观本书，作者全面、生动、细腻地记述了蔡天守青少年时期艰难曲折的成长历程，突出描写了他人生追求的两个梦想（带领本村共同富裕，为社会做更大贡献）的传奇故事，很值得人们一读。

　　蔡天守出生在晋江梅塘村一个农民家庭，从小就有在校读书、回家拾牛粪狗屎、为家庭增记工分的勤劳品行。初一辍学后，十三岁的他就搞起小买卖，踩自行车"载客"、"载物"，"跑单帮"，

开始赚了点钱。但不幸误入赌场，输光了积蓄，无奈加入当地"丐帮"，过着乞讨生活。痛定思痛，他突然想起母亲说过的那句话"跌倒了也要抓两把沙站起来"。母亲的话使他挺起腰杆，四处打零工，搞搬运，打石头，学木匠，还当过电影队清洁工和私家米店小工。虽然勤奋刻苦，仍摆脱不了"糊口"的窘境。改革开放的春风，吹醒了蔡天守的迷茫，他走上自主创业之路。从开米店到办碾米加工厂，从买卖小百货、小五金到经营大宗商品，其间屡有挫折，但还是惊喜地挖到"第一桶金"，大大增强了他继续前进的信心。邓小平南行谈话，又给蔡天守插上金翅膀。他踏入闻名的晋江服装织造行业，几乎是一年一个厂，以至跨地区跨行业地快速发展，戴上拥有数十亿资产的集团董事长的光环，他传播了"晋江人的传奇"的故事。

人们评价蔡天守具有"爱心、孝心、感恩之心的优秀品德"，他自己说"我不是用金钱，而是用爱心来衡量自己创造的价值"。当一九九六年父老乡亲伸出诚邀之手，村里党员全票选举他为梅塘村党支部书记时，他毅然决定把自己的企业交给高薪聘请的职业经理人团队管理，用每个月至少二十天的时间在村里履行他第一个梦想——实现梅塘村脱贫致富之责。他凭借着"敢拼会赢"的晋江人精神，很快做出"三年打基础，五年变样貌，十年上台阶"的部署，带领村民们实施"一三八工程"，实行产权制度改革，整合土地进行市场化开发，大刀阔斧发展乡村企业。有辛勤耕耘，就会有美好收获。二〇一〇年村财收入扭亏为盈，达到七百七十八万元。农民人均收入达到一万两千七百元，比五年前增长十倍。一穷二白的梅塘村终于摘掉贫困帽子。蔡天守荣获"全国劳动模范"和"全国优秀党务工作者"称号。

初战告捷，极大增强了蔡天守和全体村民继续前进的信心和决心。他们再接再厉，加快步伐，在共同富裕的新征程中实现了跨越式发展，成为全国社会主义新农村建设示范村。如今，梅塘村既有转型升级的综合产业经济，又有文化教育、居家养老等精神文明和优质生活条件。全村拥有百座花园别墅、套房、星级养老院、文化史馆和灯光球场等设施。梅塘村的巨变，不但受到全国、省、市各级的表彰嘉奖，还让远近村民刮目相看，羡慕不已。昔日那种"宁愿当尼姑，不愿嫁前埔（梅塘村原名）"的讥讽之言，换成"好女嫁梅塘"的赞美佳话，村民们无比自豪。

把爱心当做衡量自己人生价值的蔡天守，不但关爱自己的家乡，还关爱社会群体。他本来就有为社会做更大贡献的想法，当二〇〇三年他了解到长汀老区人民还处在贫困状态中时，他毫不犹豫地把长汀当作第二故乡，把开发建设长汀作为实现第二个梦想的重要内容。他不但率先到长汀投资办企业，还先后到各地引入一百七十九家晋江企业支持长汀老区建设，被誉为长汀"编外招商局长"，当上"闽南工贸新城管委会主任"，撑起长汀纺织、服装、食品产业的半壁江山，这一壮举为福建山海协作战略做出重要贡献。长汀县连续三年（二〇〇五年至二〇〇七年）蝉联"福建县域经济发展十佳县"。

乐善好施，是蔡天守的又一个人生价值观的体现，他把公益事业当作实现第二梦想的应尽之责，其善举涉及扶贫、救灾、助残、兴学、体育、消防和社会治安、文物保护、老年事业等多方面多领域，且以不同的形式——如成立基金会，参与或举办"慈善阳光""爱心伴我伴侣""共同架起爱的桥梁"等活动，带动更多的善者慷慨解囊。目前他的个人捐款已达到上亿元，荣登"福

布斯二〇一一中国慈善榜"。

蔡天守的可贵"三心"和拼搏加闯劲，追逐着他的"两个梦想"，而梦想的累累硕果又彰显了他的卓越才能。问乡亲们为什么要他当支部书记，答"因为他有本事"。问蔡天守本人为什么取得这么卓著的成就。他的回答是"我基本读懂、读通了企业这本书"，这句既朴实又神秘的话，足以证明蔡天守已是"善于捕捉商机的人"或"善于探索和把握市场经济规律的企业家"。总而言之，蔡天守不愧是自古以来晋江人"敢拼会赢"精神的优秀传承人和弘扬者，不愧是时任福建省长习近平总书记六年七下晋江调研总结出的"晋江经验"的忠实探索者和践行人，不愧是在改革大潮中创造人生奇迹的时代"弄潮儿"！

是以为序。

庚子初夏撰于榕城

序者历任福建省经济委员会副主任，中共南平地委书记，中共福建省委常委、秘书长，省委党建办主任，福建省人大常委会副主任，福建省精神文明建设指导委员会副主任，中国企业联合会、中国企业家协会执行副会长，前后担任（兼任）过十六年省企业家协会、省企联会长，是一九八四年福建五十五位厂长经理联名写信呼吁"松绑"放权和二〇一四年福建三十位企业家致信习近平总书记这两封信的倡导者和主笔人

目 录

第一篇　"爱拼"赢得一片新天地　1

第一章　鸡毛也要飞上天　3

3　从甘蔗园走出的行乞少年

6　早熟早慧的乡村男孩

15　一盒"海堤"牌香烟的尝试

18　当小工，学大买卖

20　打石场上小试牛刀

22　生意，就在生活中

24　建家与立业：从开米店到卖雅马哈

30　创业路上的第一桶金

第二章　"爱拼会赢"：二板斧砍出的服装天地　34

34　第一板斧：从吃的生意到穿的企业

40　第二板斧：出击常州毛纺厂

44　第三板斧：回到故乡坚持服装织造

第三章　明星企业的脚步　47

47　"发展才是硬道理"

50　在上市潮流中走自己的路

55　"树根与虫子"的辩证法

57　壮士断腕促转型

第二篇　敢叫日月换新天　61

第四章　"乡愁"：从小小的邮票到博大的雄心　63

63　从小的一个梦想

65　最重视的身份：梅塘村党支部书记

68　改变"梅塘"命运的第一榔头

第五章　振兴故乡的旅程　75

75　三年打下振兴农村的基础

78　乡情与一百万元的感召力

80　从民生最紧要的地方开始

87　当新农村建设的先行者

92　拆除"公妈厅"的风波

第六章　时代的乡村巨变　105

105　抓住梅塘新农村建设的关键

109　让大家"过上好日子"的"一三八工程"

114　把最难办的事留给自己做

117　盘活土地，村民入股办企业

119　新乡风，启民智，修民德

126　省委书记的关注与全国示范村的目标

134　"把梅塘村看得比生命更重要"

第三篇　挥师红色土地　143

第七章　天授机缘走进红色土地　145

145　省委书记的惊奇

149　红土地上的感动

153　撑起红土地纺织的半壁江山

第八章　奏响"山海协作"交响曲 160

160　担任老区编外"招商局长"

164　"长汀模式"的第一功臣

167　晋江经验与长汀精神

第九章　把长汀当成第二故乡 171

171　创立龙岩第一个异地商会

176　给长汀做一张"新名片"

179　"三不做"原则与房地产开发

第四篇　撸起袖子创一流 187

第十章　天守服装的转型升级 189

189　携手安踏，1+1>2

194　智能制造，创新提升产能

第十一章　登陆厦门的华丽转身 199

199　管理中枢落地高颜值、高素质城市

202　加盟上海原子通科技

205　十项创新驱动转型升级

第十二章　创一流品质，建一流企业 207

207　转战漳平再出发

211　一流企业做标准

216　当超纤合成革的领军企业

第五篇　慈善家与人民代表的情怀 223

第十三章　为了"一个都不能掉队" 225

225　一场特别的婚礼

230　"三心"是送给孩子的最珍贵礼物

第十四章　用爱心衡量创造的价值 234

234　感恩生命中的所有遇见

240　特别的爱献给特别的土地

第十五章　天道酬勤，守信笃诚 251

251　"当人民代表为人民"

258　逐梦的蔡天守

附　录 265

附录一　序言作者黄文麟为蔡天守题字留念 267

附录二　蔡天守个人所获得的荣誉称号 268

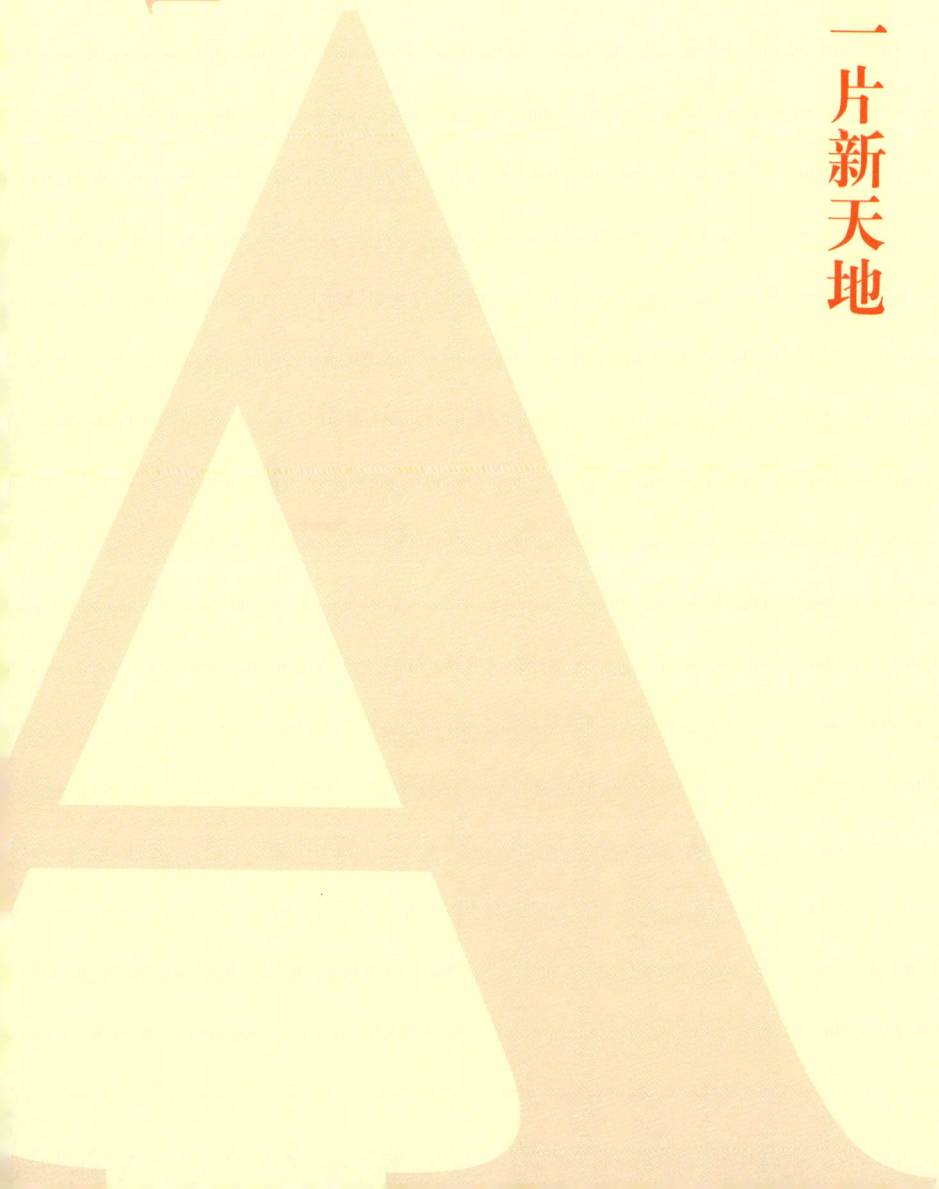

第一篇

『爱拼』赢得一片新天地

闽南初冬的清晨，从甘蔗园里走出一个衣衫褴褛的少年，这是一个以乞讨为生的流浪儿。但有谁能想到，三十年后，他竟一身西装革履地站在人民大会堂台上，接受党和国家领导人的颁奖，被授予"全国劳动模范"称号。他就是全国优秀党务工作者、福建天守集团的董事长蔡天守。

第一章
鸡毛也要飞上天

从甘蔗园走出的行乞少年

这是初冬的清晨，闽南的甘蔗田里，随着悉悉唰唰的声响，一位少年从长得很是茂密的甘蔗田里走了出来。闽南初冬的天气虽然不太冷，但寒气依然在。少年裹着一件败絮在外的军用大衣，手提着一双用细绳子吊着的木头鞋，挎着一个又旧又脏的布包，衣衫单薄褴褛。从衣服的破口中可以看出，他那健壮的胸肌与手臂都裸露着，有几道被锋利的甘蔗叶划出的血痕，这蓬头垢面的少年，显然昨晚在甘蔗田里夜宿了。少年伸了伸腰，向着天空吹出一口大气，便放下木头鞋，蹲在灌溉甘蔗园的田间水渠边，手捧着水往脸上稀里哗啦地拍拍擦擦，含着渠水咕噜噜地漱了漱口。他站了起来看了看东方开始露出的红日，便将木头鞋挂在脖子上，紧了紧肩上的挎包，朝着远处的村庄走去。这位行乞的少年知道，今天会是个好日子，他要去的晋江东石镇的那个村庄，今天有个返乡的华侨要"做功德"。

少年向着要乞讨的村庄走去，消失在冬天早晨的寒气中。没有人想到，这个夜宿甘蔗园的乞讨少年，三十年过后竟然会站在首都的人民大会堂的舞台上，作为全国劳动模范，接受党和国家领导人的嘉奖，并先后成为全国优秀党务工作者，全国商务系统

3

劳动模范，八闽大地百姓赞赏的集团董事长、实业家。

这个少年名叫蔡天守，这一年，他十三岁。由于父亲早逝，家中失掉主要劳力，他在初中一年级时就辍学了。为了糊口生存，他跟着晋江一带人称"四脚益"的丐帮小头目，过着乞讨生活，白天走街串巷，夜宿田间檐下。少年提的那双木头鞋和背的挎包，就是帮主"四脚益"的乞讨工具。乞讨的时候，帮主两手穿上木头鞋，四脚跪地爬行，拖着挎包乞求人们施舍，所以人们叫他"四脚益"。"四脚益"在晋江一带名气不小，他以及他带的一帮小乞丐不偷不抢不打人骂人，人们可怜"四脚益"们，总是尽所能施舍。蔡天守跟着"四脚益"走遍老家晋江东石镇及周边的村落，遇上哪个村庄有华侨回乡"做功德"、普度、婚庆、祝寿等活动，他们就往那个村庄走，回乡感恩的华侨"做功德"，场面较大，对那些叫乞行讨的乡里乡亲，他们都会慷慨解囊。蔡天守生性机灵，成为帮主贴身的小喽啰，替帮主提木头鞋背挎包。一般情况下，蔡天守一天可以从帮主那里分到三毛钱的生活费，遇到华侨"做功德"大施舍，所获远远超过这个数字。

"做功德"是闽南华侨回乡时做的感恩施舍活动。闽南是中国著名的侨乡，是海外华侨最重要的祖籍地，也是华侨资本的聚集地，蔡天守的故乡晋江流行一句话"十户人家九户侨"，祖籍是晋江的华侨、华人和台港澳同胞有两百多万人。晋江三面临海，一面靠山，土地贫瘠，淡水资源缺乏，在农业社会里，由于自然环境的限制，这里很难出现平原地区五谷丰登、六畜兴旺的情景，更常见的是旱灾带来的颗粒无收与瘟疫盛行的惨状。身置大海环境，从小就看惯波涛汹涌的闽南人，习惯在飓风与大浪中搏击人生，习惯在辽阔的海洋中追求快乐，也养成海一般的吞吐万顷浪的胸襟与情怀，更因山高皇帝远、远离政治文化中心而形成敢闯爱拼的精神。文化上，闽南人来自中原。自东晋之乱、五胡乱华始，中原文化开始南移，后经历过唐朝将士的平息叛乱与建州立府，南宋王朝的迁徙南逃，闽南文化在中原文化与百越文化的汇合中日渐形成。所以，闽南人血液中流淌的是黄河的血脉，闽南人的海洋性格里有许多中原的血骨，敢冲敢闯敢拼，慷慨厚德好义。在恶劣自然环境的逼迫下，闽南人离开故乡，行船闯海，到海外寻找生存的土地与发展的空间。在异邦奋斗成功后，他们会带上儿女子孙回到故乡，成为乡里乡亲仿效的榜样，一批批闽南人接踵踏浪而去，在异国他邦繁衍发展。一代代一辈辈，延续不止，侨乡就此形成。那些离开故土的海外乡亲在异国结成同盟，在商场上生活上相互帮衬。这些在异国他乡发财的闽南人，时常回到生养自己的故乡，捐资兴学，慷慨解囊，兴建公共设施，还"做功德"，祭拜故乡的神仙，宴请全村男女老少，施舍贫穷的父老乡亲。回乡华侨"做功德"的时候，就是丐帮快乐之时，他们从各个地方涌来，一群群围着祭神的坛子，或者围着华侨的老宅，跳着跑着喊着"好量""好量"，或者干脆唱着乞讨歌谣："头家娘子好度量，互汝年年春，互汝双手抱双孙。"这是祝福施舍者添丁进财，听到这些吉祥语，"做功德"的华侨们便会慷慨地将钱散播给乞丐们。行乞的少年蔡天守，从甘蔗园里出来，情绪高昂地走向目的地，他知道，今天撕开嗓子喊，会有一笔不小的回报。

上午十时许，鞭炮齐鸣，锣鼓喧天，祭神开始，关帝爷神像被请出庙堂，四人用神轿扛着，开始发威，踏炭过火，硝烟中穿行，宾客乡亲围着颠来倒去的神轿，燃香放炮，好不热闹。此时，

5

蔡天守就跟着"四脚益"的一帮乞丐，跳着跑着喊着"好量""好量"，以引来主人的施舍。就在这时，一只大手抓住蔡天守的胳膊，一个声音吼道："原来你跑到这里来疯，丢人，给我回去！"说着就将蔡天守拖出人群。

拖走蔡天守的人是蔡天守的哥哥蔡天月，今天他是关帝爷的轿夫，不料在这里遇见离家出走两个多月的弟弟，更没料到弟弟竟然成为丐帮的一员，过着四方流浪的日子。哥哥拖着弟弟往外走，一边骂着"丢人""贱人"，一边挥手打了弟弟一记耳光。蔡天守不服哥哥，他倔强地昂着头，不吭一声，眼睛睁得大大的，瞪着哥哥不动。哥哥看着弟弟瞪大的眼睛，一时不是滋味，抓住弟弟的手就松开了。蔡天守趁着哥哥松手，一个挣扎，挣脱控制，他狠狠地瞪着哥哥叫道："你是个臭皮！"然后转身向着村外跑走了。

看着弟弟远去的背影，哥哥心里有些难受，有些内疚，他清楚，弟弟走上流浪乞讨的道路，多少与自己有关系。

早熟早慧的乡村男孩

蔡天守的流浪乞讨，还得从他的童年说起。

1963年7月27日，蔡天守出生在福建省晋江市（当时是晋江县）东石镇梅塘村普通农民家庭里，父亲蔡昌铁当过村的农会主任，母亲张乌芽，是典型的闽南妇女，外柔内刚，也要参加田野的劳动，也担负全家人的日常生活。

梅塘村原名叫前埔，虽然晋江是重要的华侨与台胞的祖籍地，但前埔村的华侨少，只有七户人家有海外华侨关系，他们的华侨

蔡天守（右五）与父母及哥哥、姐姐全家的合影

亲戚也没发大财，加上当年阶级斗争"年年讲，月月讲，日日讲"，有海外华侨就多一层复杂社会关系，当干部、升学、当兵都会受到牵连。所以，当年的前埔村没有什么侨乡特别的经济收入。据史书记载，晋江地区本来"襟山带海，天不足耕，非市舶无以助衣食"，要靠海吃饭。但前埔恰恰又离海太远，前埔处在晋江帽山脚下的丘陵地，山不是山，海不是海，平原不是平原，土地贫瘠，水资源短缺，土地种不了水稻，只能种经济价值很低的地瓜，种庄稼靠天吃饭，这个自然条件极差的山村是晋江有名的穷村庄。在计划经济时代，什么都依靠政府计划，农村经济只有靠农业收成，前埔的情况是年年歉收，这就决定了村民年年要依赖政府的救济过日子，看不到希望。那时，晋江一带流行着一句闽南话口头语"宁做尼姑，不嫁给前埔"，"尼姑"与"前埔"在闽南话中是押韵的。这句话的意思是"是女儿就不嫁前埔郎"，因为前埔穷，前埔的男人娶媳妇难。

蔡天守的家庭虽然也穷，但在前埔，他的家庭还不算太贫困，因为他有个舅舅是菲律宾华侨，在菲律宾做生意。每年的中秋与春节两个节日，蔡天守的这位菲律宾舅舅就会给妹妹寄钱或礼物，聊补无米之炊。蔡天守出生的时候，父亲蔡昌铁还因为有这么一点华侨关系，担任了梅塘大队的侨联主任。后来，梅塘村与梅峰村组建了型厝大队，他依旧任型厝大队的侨联主任，一直到1972年。像蔡昌铁这样的家庭，在梅塘（前埔）也算是让人羡慕的家庭了。蔡天守八岁时，哥哥娶媳妇，这在"有女不嫁前埔"的梅塘是件大好的事情。蔡天守的父亲不仅宴请宾客，还特意为自己大儿子的婚礼举办了一场堂会，请南乐社到家里吹箫弄弦唱南管，热闹了三天三夜。

出生在这样的家庭，蔡天守与其他农村孩子一样，七岁上学，上学期间一边读书，一边还得充任家里的小劳动力。放学之后，他要挑起喷桶，到自家的自留地上浇菜，人小桶高水重，他挑着喷桶颠簸着，使尽吃奶的气力，好不容易才将菜地浇完。遇到生产队收成地瓜或花生，他放学后就得扛着锄头，挂着畚箕或竹篮子，到田地上等待生产队收成完毕开放地瓜地或花生地，到田地上翻收"剩余价值"，将那些落网的地瓜或花生翻捡回家。农村的孩子就这样，以自己的劳动成果，补充家中的食物，小小年纪承担起家庭的责任。虽然辛苦，却锻炼出吃苦耐劳和帮助家庭解决生活问题的意识与能力。

与其他农村孩子不同，蔡天守从小就透露出机灵与聪慧。出生的第二年，父亲担任前埔村烧灰厂的厂长，海边人就地取材，建筑用的白灰就用牡蛎壳烧制而成，烧灰卖灰，这是前埔集体经济的重要收入。蔡天守从小看着父亲烧灰长大，小学二年级时他萌生了帮助父亲做事的意识，为此他做了一件让成人刮目相看的事情。烧制白灰需要大量牡蛎壳，前埔不靠海，不生产牡蛎，牡蛎壳都要到临海的石井镇购买，得派人到镇里一家一户地收购，收不到牡蛎壳就没有烧制白灰的材料。有一天，蔡天守从父亲嘴里知道邻村张厝从海里收了一大批牡蛎，需要很多劳力去剖壳取牡蛎。当时是人民公社化时代，一切都归集体所有，农活也由生产队派工。张厝临海，牡蛎是村庄的主要收成，这个人口不多的村庄，在牡蛎丰收的日子里，需要大量劳力来收牡蛎剖牡蛎。知道这个信息后，八岁的蔡天守天真地想到，张厝要收牡蛎却缺劳力，前埔要烧灰却缺牡蛎壳，用前埔的劳力去换取张厝的牡蛎壳，不就两全其美。于是，这个小孩就提着那面村里通知社员开会的

铜锣，沿着村庄敲打起来，锣声响起，蔡天守的童声也跟着响起："伯仔叔仔婶呀姨呀，张厝有一大批牡蛎需要人去剖，大家快去张厝啊。"蔡天守的这一喊，喊醒了生产队的干部，"对啊，何不以前埔的劳力去换取张厝的牡蛎壳呢"？于是，前埔便派工到张厝，帮助张厝收牡蛎剖牡蛎，张厝的回报就是将牡蛎取走后的牡蛎壳毫无代价地给前埔，两个村庄由此结成互补互助的生产关系。蔡天守的这一举动，让全村人赞不绝口，他们称这个孩子将来是要有出息的。

哥哥结婚后，家中的经济反而差了。在那个一切都是集体所有的年代，一个没有优质土地、优质水源的农村，人口多了并不是好事。蔡家多了一口人，并非多一个人多一份力量，而是多了一口吃饭的嘴，多了一个穿衣的人，蔡昌铁家的经济开始捉襟见肘。

1972年，蔡天守九岁，不幸降临家中，父亲蔡昌铁因病去世，撒手人寰。蔡天守清楚地记得，送葬那天，当父亲的棺材按仪式放进坟坑时，母亲张乌芽从人群后面追了过来，毅然决然地跳下坟坑，抱住父亲的棺材，哭着要与父亲一同西去。这位倔强而温润的闽南女性，哭喊着："你怎么这样走了，留下的孩子怎么办呀？"她预感到丈夫去世后生活的艰难。

父亲的去世，给这个原本还过得去的家庭带来重大变故，首先是哥哥嫂子提出分家。人民公社化时期，家庭的经济来源主要靠生产队的年中分成与年终分成，分成主要依据生产队记录的各家工分总量，工分多，收入就多，工分少，收入就少。工分的多少是按劳动力的大小来记录的。一般来讲，男性全劳力一天可以挣十个工分，女性全劳力最多的一天也只能挣八个工分，大部分女性只能挣五六个工分，小孩是非劳力，没地方挣工分。蔡天守的哥哥和嫂子很清楚，父亲逝世后，这个家的主要劳动力就是他们俩了。这一家子，除了母亲，还有一个哑巴妹妹和一个还在读书的弟弟，一对年轻人要承担起这一家子的生活，对于未曾承担过家庭责任的年轻人来说，自然后怕，想到自己与妻子两个都是年轻的劳动力，挣的工分也多，与母亲、弟妹分开生活，一定比与整个家庭混在一起好得多，于是哥哥和嫂子提出分家，分开过起夫妻两人的小家庭生活。这也就是蔡天守见到哥哥就狠狠瞪眼的原因，也是哥哥看到弟弟远去的背影时会有一种莫名愧疚的缘由。

哥哥和嫂子分家独立之后，家庭的生活更困顿了。但母亲是个绵里藏针的闽南女性，看上去不失温柔，讲话是晋江女特有的软调，但内在却有一股牛劲，儿子与媳妇要分家，她二话不说就答应了，从此自己扛起家庭的重任，带着哑巴女儿和儿子过活。白天下地劳动，晚上料理家务，里里外外地忙碌着。她对蔡天守说："人来到这个世间，就是跌倒了，也要抓两把沙子站起来。"母亲的这句话，整整影响了蔡天守的一生。

看着劳累的母亲，蔡天守无心读书了，他几次偷偷地跑出学校找活干，但那个时代，什么都是计划的，哪有孩子可干的活。十一岁时，本应该读小学五年级的蔡天守因为家庭的变故，读的却是三年级。在家庭难以再供他读书时，蔡天守的一位亲戚把他带到南岳中学，让他直接读初中一年级，这个亲戚期待蔡天守起码读完中学，在社会上也好找个工作。这位亲戚就是南岳中学（后来的东石二中）校长张文英，他供职的南岳这所学校有华侨资助，贫穷的孩子在那里可以享受到困难补助金，凭着亲戚是校长的便利，蔡天守靠着困难补助金读了一年的初中。读初中的蔡天守，每天还要起早摸黑，拾牛粪、狗屎，交生产队当肥料，挣点工分，为母亲分点忧愁，母亲要求他每天要拾粪三畚箕。

这时已经是1975年，1975年的中国还封闭在计划经济圈中，没有自由市场，也不能自由买卖，一个人干私活是要被割资本主义尾巴的。但晋江、石狮一带却不一样，生活在这里的人们，由于海外华侨的影响以及宋元时作为东方第一大港的历史基因，骨子里早就滋生出商品经济的种种质素，在中国还在以阶级斗争为纲的时期，晋江人与石狮人已经在偷偷地倒卖华侨由海外带回家乡的手表、卡口录音机、自行车、缝纫机等紧缺物资，这些东西在那个时期要凭票供应，是人们求之不得的物资。由于这样的需求，晋江与石狮，暗中形成一个地下市场，专门买卖从海外带过来的紧缺物资。1975年中央新闻纪录片厂还拍摄过一部纪录片，专门记录晋江石狮一带的"资本主义"现象，解说词称晋江石狮一带私有经济泛滥，"庄稼地无人栽种，到处生长着资本主义的草"。在这样的情势下，晋江人偷偷地从事货物流通，在不同的村庄买卖交换不同的农产品。此时，读初中一年级的蔡天守再也按捺不住，他不能让母亲一人来承担全家的重担，他是一个男子汉，尽管还是孩子，也要负起一个男子汉应有的责任。在闽南传统的家庭中，男人是家的顶梁柱，一个家族或家庭倘若不由男子汉当家做主，是很容易被人瞧不起的。哥哥分家之后，年幼的蔡天守就一直想着成为家中的男子汉，他无心将初中读完。

随着晋江地下市场的活跃，晋江区域内人的活动也就频繁起来，从县城的车站到乡村，从这个村庄到那个村庄，人们开始来来往往，于是，用自行车载人往来的运输生意就出现了，闽南人叫"载客"。蔡天守想，其他活不好干，这载客的苦力活是人人可以干的。于是，他偷偷地将母亲存在家里的钱取出十几块，买了一辆旧的凤凰牌自行车，开始营生"载客"，为家庭分担经济压力。这时，蔡天守才十三岁。十三岁的孩子踩着一辆自行车，哼哧哼哧地载着客人在路上奔跑，虽然没有骆驼祥子的强健有力，却因为是小孩，有一种天然的真诚与童趣，许多客人还是喜欢让他载的，蔡天守也就在这样的苦力劳作中茁壮地成长起来。有一次，东石镇革委会的一个人找上蔡天守，问他能不能帮他将一袋化肥从东石镇运回家中，给他三毛钱工钱。三毛钱，对那时的蔡天守来讲，是不错的收入。一般情况下，他载一个人从这个村到那个村，也只能拿到一毛钱。更让蔡天守兴奋的还不在这三毛钱的载货费，而是这次运输化肥，他知道东石镇有个化肥供应点，那里有许多化肥需要运到各个村落。为此，蔡天守找到专门为东石镇的化肥站运化肥的业务，他一次运载三包，每包化肥加运费三毛钱，一趟就是九毛钱。对少年蔡天守来讲，这笔钱是一笔可观的收入。遇到下雨天，农户亟需及时给田地施肥，蔡天守也不懈怠，总是冒雨送化肥，满足各村各农户的需要。少年的生活就在这样的艰辛中一天天地过去了，慢慢地，蔡天守从运输化肥到运输大米、花生、蔗糖等，从运输化肥、大米、花生转型做起化肥、大米、花生的买卖。当年晋江花生产量最高的品种是"红花豆"，但这种花生种子石狮才有。蔡天守就骑着自行车到石狮买"红花豆"，载到前埔等村庄加价叫卖，这个跨地的买卖让他赚了不少钱。尝到甜头的蔡天守非常勤奋地跑在晋江东石镇和石狮的各个村庄，忙着从地域差价中获取利润，这时蔡天守又长高

长壮了。

1976年10月，一个特大的喜讯传遍大江南北，"四人帮"被打倒了，中国正在酝酿一场巨大的变革。长期以来萌动着市场经济意识的沿海地区嗅觉灵敏，虽然改革开放的号令尚未发出，但在晋江地区，潜藏在地下的市场浮出水面，自由市场在市民、村民中自发形成。这时候，蔡天守已经成为跑单帮的能手，成为蔡家的小主人和母亲的最大帮手，他自己也有了一点积蓄。

闽南话说"一个人的长大不是风吹起来的，一个人的成长也不会是一路顺着风仔走的"，正所谓的"不见风雨不见彩虹"，就在蔡天守靠着自己的勤劳与聪明才智有了一点小积蓄时，他跑单帮的朋友、邻村的董培把他拉到一处乡间赌场，他告诉少年蔡天守，这地方钱来得快来得轻松。赌场上，快速来钱与轻松来钱的喧嚣，诱惑着这个踩自行车跨地买卖的少年，蔡天守懵懵懂懂地走进民间的地下赌场。但不久，他辛辛苦苦挣来的钱很快就轻松地被装进别人的口袋里。俗话说"赌博引起的火气大于枪伤"，输掉全部积蓄的蔡天守不甘失败，像其他参赌的人一样，他输了钱并不立即撒手，而尽想着要把输掉的钱赢回来，他打算先把母亲的钱垫上。母亲的菲律宾华侨哥哥，每年都会给妹妹寄来点生活费什么的，母亲把这些钱一点一点地积累起来，准备着给儿子讨媳妇时或家庭急需时用，她把这些钱用布包着藏在柜里。蔡天守输掉自己的积蓄后，想起母亲的这些积蓄。就在蔡天守打算动用母亲积蓄时，他赌博的行为被母亲发现了。在闽南乡村，那时还未曾发现有吸毒的现象，嫖赌便是大逆不道了，在普通农民家庭里，自古以来赌徒都被当作败家子，会导致倾家荡产。母亲原本将希望寄托在蔡天守身上，没想到儿子竟然参与赌博，这对她的打击恰似五雷轰顶，盛怒之下，她也不管乡邻的相劝，哭着就将儿子打骂出家门。

被母亲打骂出家门，蔡天守觉得没了脸面，也不敢回家见母亲，从此四处流浪。也就是在这个时候，蔡天守跟着"四脚益"的丐帮，过着到处乞讨的日子。

一盒"海堤"牌香烟的尝试

蔡天守怨怼哥哥与嫂子，觉得自己被逼到这份上，与哥哥嫂子的分家有关系。那天他被哥哥从丐帮群中揪出来，虽然狠狠地瞪了哥哥一眼，但哥哥的怒骂，终究还是让他清醒了许多，乞讨生活伤害家人脸面，也不是一个男子汉应有的生活方式。在被哥哥揪出丐帮之后，蔡天守离开"四脚益"，四处打工去了。这又是一段极其艰苦的日子，为了能有饱饭吃，他跟着人家上围垦工地，与成人一样挑土扛石，围垦筑坝；也加入独轮车队，往建筑工地搬运石头，一百斤重的石头独轮搬运，一次仅得两角工钱；后来，他又跟着姐夫蔡天煌学石匠，小小身躯蹲在大石上，挥舞着锤子铁钻敲打、打磨石头，一蹲就是一整天；他还学过木匠，却因为个子太小拉不好大锯而中途停止了。在这些四处出击、四处苦干的日子里，吃不饱睡不暖是常有的事，在田地里刨地瓜、烤着半生不熟的地瓜和着溪水充饥，也是常有的事，遇上好人家，给打工的他们送上一顿饭菜，那就是天大的好事了。

从乞讨到四处打工，蔡天守的少年生涯在苦水里泡着。有一次，他载着一大袋花生，行走在贩卖的路上，晴天里忽然下起倾盆大雨，他浑身被雨水浇湿不打紧，整袋花生淋雨了才叫

他心酸。那天，像落汤鸡似的少年面对着乌云满天的苍穹叫喊着："老天爷啊，你为何这般地对我呀！"蔡天守小小心灵世界里，埋下了承受苦难与奋争出苦难的种子，艰难曲折的生活，让尚未成年的他饱尝生活的艰辛与人间的冷暖，但也淬炼他超乎寻常的抗压力量和心理承受力。命运将证明，在今后漫长的人生道路上，无论出现什么艰难险阻，从艰难中成长起来的蔡天守，绝不会向困难苦难屈服低头，在他的内心世界，母亲说的话"就是跌倒了，也要抓两把沙子站起来"，成为他一生一世做人做事的座右铭。

　　在四处打零工的漂泊中，蔡天守第一份较固定较轻松的工作是在东石镇（时为东石公社）的电影院当卫生清洁员兼搬运工，遇上电影队下乡放映，他就要扛电影放映的机器设备。作为临时工，电影队并不付工资，却管一天三顿粗茶淡饭，对于居无定所、食不饱腹的少年蔡天守来说，这是不错的行当。更让蔡天守欣喜的是，下乡放映电影时，偶尔会有生产队给他们每人递上一盒两盒"海堤"牌香烟表示感谢。海堤牌香烟一包零售价是三角三分钱，蔡天守舍不得抽分到

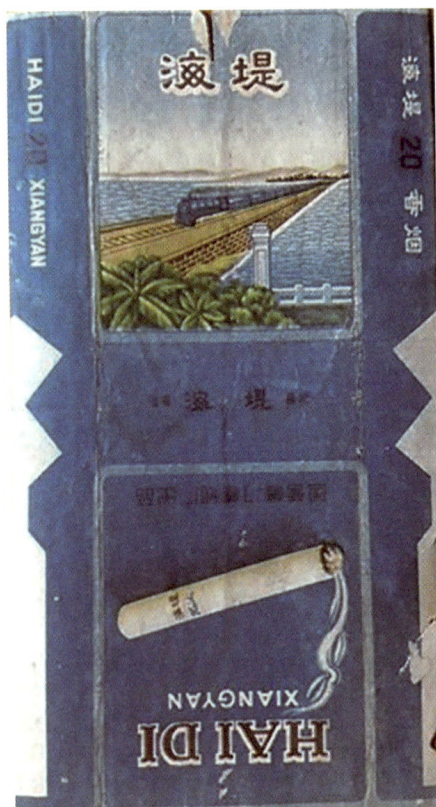

海堤牌香烟

的香烟，私下里将香烟一包三角三分钱转手卖掉，对于连三顿饭都要寻找去处的少年来说，这是一笔收入。但这样的机会并不多，东石镇的电影队十天半个月才下乡放映一次，那三角三分钱并不容易等到。

在电影队当搬运工，让蔡天守有了更多跑东石公社办事的机会，他可以接触到更多关于公社的信息，也经常应人家之请到其他部门干杂活。后来，东石公社学习班看他勤快机灵，又有过参赌的经历，就把他招做临时工，主要任务是协助抓赌。

这一天晚上，抓赌组接到有人举报后紧急出动抓赌，抵达赌博现场时，队长派蔡天守看守后门，谨防赌徒从后门逃走。蔡天守很为难，他知道"赌火胜过枪伤"，赌徒们一旦发现赌点暴露，肯定拼着命逃跑，抓赌的人从前门进，赌博的人肯定往后门逃，自己一个人守后门，年纪小个子小，赌徒要真的逃出，别说自己挡不住，那些逃跑者的鞋底都能将自己踩扁。但任务已经派出，男子汉岂能说不行，"晋江人个个猛啊"，于是，等到队长带着队伍到赌点的前门时，蔡天守就使劲地敲打赌点的后门，大喊："抓赌了！抓赌啦！"赌徒们听到后门大喊抓赌，即刻拔腿就往前门跑，正好被队长带的队伍逮了个正着。但这次执行任务，蔡天守并未得到表扬，相反地，因为他不听从指挥，私自敲响后门，暴露目标，他这个临时工也就被撤了。

离开公社的抓赌组，蔡天守并不离开他已经很熟悉的东石公社，他到东石的一家米店当小工，这个在很小的时候就有货物流通意识的青年从此走上做生意的路子。此时的蔡天守，心里有一个愿望，快快挣钱，将欠下的赌债还清，重新抬头做自己的事。

做小工，学大买卖

这是1978年，"春天的故事"马上就要开讲起来，一个千年未有之大变的"改革开放"时代就要开始了，曾经被认为资本主义流毒严重的石狮、晋江一带，自由市场已经活跃起来，虽然私有经济、私人开店并未赢得正式的承认，但在市场经济意识尤为强烈的石狮、晋江等沿海地带，个人的店面正如雨后春笋一般，一间接一间地在街道路面上开张起来。

十五岁的蔡天守走进东石公社，一家私人开的米店，名义是跟着外号叫"矮子裕"的米店老板当小工。晋江、石狮一带侨乡，由于土地生产不了稻子，粮食永远是百姓生活中最伤脑筋的事情，而这一带又是侨乡，大多数家庭都会有海外寄回家的钱，这些钱都被用在家庭生活最需要的地方，比如建房子、娶媳妇，还有就是维持生存，维持吃饱肚皮的每天三顿饭。那个时期，什么都凭票供应，粮票、肉票、布票、油票等的存在意味着这些物资的紧缺程度。大米等粮食也是紧缺的物资，由国家统一调配，每人定量发票供应，有钱也没地方购买。所以，私人生意开始兴起，大米买卖成为很多人经营的行业，开设米店经营粮食买卖，在一段时间里是个不错的生意，也是如今已成为富人榜上呱呱叫的晋江大佬们原始资本积累时期的生财之道。

蔡天守是米店的小工，每天实际干的活儿是搬运大米。凌晨四点半开始，他就得把一袋袋一百八十斤重的大米从仓库搬到米店的市场门面。少年蔡天守无法搬起这每袋都一百八十斤的大米，于是，他就先把装米的麻袋放在店面位置上，再用桶一桶桶地把大米从仓库提到店面，装进米袋，这样来回劳作，将一袋袋大米搬到店面。遇到买米多的顾客，他还得一家一家去送米，一直要忙到晚上九点左右米店关门才收工。这样一天辛苦下来，他也才有四毛钱的工钱。但蔡天守并不计较钱的多少，对他来说，有如此固定收入的日子，已经比以前的流浪生活好多了。他不仅勤勤恳恳、任劳任怨地为米店老板当搬运工，什么事都抢着去做，而且饶有兴趣地打听询问自己遇到看到的问题。就在这样的劳动中，蔡天守靠着自己的观察和领悟，了解了生意场上的道道，学会买卖的窍门。几年之后，他很有体会地说："小买卖，有大学问。"这学问中，最紧要的是诚信与诚恳。

每次为米店大客户送货上门，蔡天守会悄悄地观察着这一家子的人口，计算着这一家子买米的数量与周期，这样一段时间后，他也就掌握了这些家庭的需求。于是，每逢顾客需求的时间一到，蔡天守就会主动地将米送到顾客家中，说上几句"大伯、大叔您忙，我把米送家来了"的客气话，这让米店的顾客很感动很高兴，他们总会在米店老板面前夸奖蔡天守机灵、诚恳、有信用，这让米店老板"矮子裕"对这位小工很是另眼相看。

但蔡天守并不满足在米店当小工，小小年纪的他同样有着晋江人特有的敢拼会赢的精神。在米店工作一段时间后，他想独自去闯闯世界，闯闯社会了，这时他十六岁。

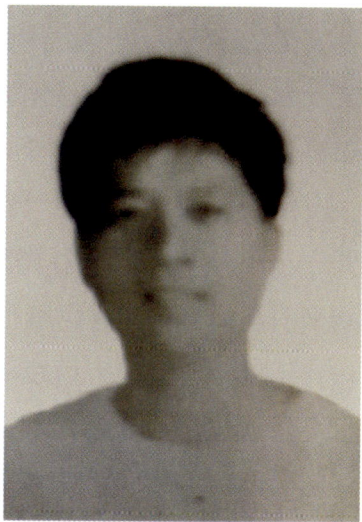

少年蔡天守

打石场上小试牛刀

　　1978年5月11日，《光明日报》上刊登《实践是检验真理的唯一标准》一文，拉开了思想解放、"真理标准大讨论"的序幕，为势如破竹的改革开放奠定了理论基础。中国要前进，民族要发展，人民要富裕，人的命运要改变，就要打破条条框框的纠缠束缚。1978年12月18—22日，中国共产党第十一届中央委员会第三次全体会议在北京召开，全会决定把全党的工作重点转移到社会主义现代化建设上来，从此开启中国历史变革的新时期，中国现代化的巨轮，在海洋上起锚飞驰。正在这个时候，安徽凤阳小岗村十八户不想饿死的农民秘密开会，按下十八个红红的手印，签下分田到户的"生死契约"，用农民勤劳灵巧与坚毅粗犷的双手，点燃中国改革开放的一把火。这时的中国南方，翻天覆地的春潮涌动着。敢闯爱拼敢为天下先的晋江人，更是跃跃欲试，走向即将到来的市场浪潮中，他们太不甘寂寞了。自古以来，闽南一带流行着一句话，"泉州人个个猛"，这是自古传下的对于晋江人对于泉州人的评价，但在计划经济的束缚下，这一群"个个猛"却很沉闷很憋屈，怎么也"猛"不起来，他们实在按耐不住了。蔡天守小小年纪，像大多数晋江人一样，也按捺不住了，那股即将到来的潮流冥冥中鼓荡着他的生命，他离开米店，自己闯荡市场。1978年年初，他在市场经济中小试牛刀。

　　蔡天守的小试牛刀从极其艰苦的"打石"开始。"打石"是闽南石匠活的统称，它包括开石、琢石、磨石、雕石等手艺，闽南是花岗岩的产地，石材与红砖是当地人建筑最普遍使用的材料，结合石材与红砖，出砖入石的石墙砖壁是闽南建筑的主体，闽南大厝一般用石条石柱为梁为槛，房子的门、窗也都由石头雕琢而成。大户人家的院子、门前，也都放置石桌、石椅，还有由石头雕成的风景世界。当人们意识到整个中国即将发生大变革的时候，很多晋江的华侨侨眷回到故乡，在故乡掀起建房热，选地建房成为当时侨乡的景观。

蔡天守到"矮子裕"米店当伙计之前，蔡天守的姐姐嫁给东石镇的石匠蔡天煌，姐姐一度把弟弟带在身边，让蔡天守跟着姐夫蔡天煌学石匠活儿。"赐子千金，不如教子一艺"，这是闽南人的家庭哲学，教孩子学艺，就是让孩子走正道。学石匠时，蔡天守就留心姐夫如何跟东家谈生意讲价格，悄悄记下一平方米石头打成石柱、门框、窗台各自需要的价钱。因此，看到家乡建房子的热潮兴起时，他敏锐地感觉到机会来了。于是，他不顾米店老板"矮子裕"的挽留与增加工资的诱惑，毅然辞掉米店的工作，自己组建了一支打石琢石队伍，当起小头家，以比别人低廉的价格赢得工程，承包民宅建筑的石头雕琢雕刻生意。风雨中，烈日下，打石声阵阵，蔡天守带着他的队伍，一天超过八小时蹲在大石上，凿石琢石雕石，应着东家的建筑要求，打造各种各样的石件，虽然很辛苦，生意倒是应接不暇，钱也赚得顺风顺水，倘若就这样发展下去，蔡天守或许会像今天的闽南石材大佬一样，成为国际国内市场上的石头王了。但没想到的是，一次搬掀通柱石材时，蔡天守的右手食指被大石头压断。手艺靠的就是手，食指压断了，蔡天守失去了打石雕石的完整手掌，他那靠手艺发家的愿望也就化为泡影。

人不能在一棵树上吊死，蔡天守决计另谋生路。

生意，就在生活中

"生意，就在生活中。只要多注意，总有好生意"，这是蔡天守当了集团董事长后，经常跟员工说的话，这句话是蔡天守青年时期闯荡市场的切身感受与人生经验。

1981年，蔡天守十八岁了，十八岁的青年蔡天守在被石头砸断食指后，从此与打石琢石活儿绝缘。这时，晋江附近的城市厦门被中央开辟为经济特区。1981年10月，伴随着湖里一声炮响，厦门经济特区在湖里二点五平方公里的土地上拉开建设序幕。经济特区，对于习惯了由上面领导来计划、规定经济发展的当代中国人来说，是一个新鲜的名词，那时老百姓还不很清楚，这是中国改革开放重要的试验田，改革开放的总设计师邓小平要经济特区为中国的改革开放，为中国的经济建设杀出一条血路，开辟出与以前不一样的发展道路，闯出新的天地，于是，一个中国对外开放的窗口在东南沿海的重要口岸厦门打开。经济特区开创初期，汇集华侨资本开发建设成为厦门经济特区建设初期发展的重要途径，晋江的华侨纷纷踏浪而来，在紧挨着故乡的厦门经济特区投资办厂，厦门经济特区的建设热潮迅速搅动周边的城市与乡镇。原本就在市场经济中不愿居人之后的晋江人，此时就更按捺不住了，他们在各个领域全面出击，鼓荡起第一波晋江潮。如今，在中国与国际市场上的晋江大腕，如安踏服装、恒安集团、七匹狼装，还有特步鞋、利郎服装、盼盼食品，也正是在这个时候走进中国刚刚兴起的市场经济，从买卖一捆纸、一件衣服、一双鞋、一条拉链开始他们艰辛而辉煌的创业历程。此时的晋江市场，生意五花八门，市场风生水起，什么生意都有人做，好生热闹。

蔡天守跟朋友去了一趟厦门，他感受到百废待兴、百业待举的时代气息，本来就不安分的他，更是不能寂寞了，他开始四处奔波，这次奔波不再是找活儿干，而是找生意做。

看到晋江兴起打铁铺，蔡天守就去卖铁。那时不少国营机械制造厂家，为了节约劳力与设备成本，将铁制小配件下放给小地方加工，晋江人意识到这是个赚钱的机会，便跑往全国各地的机械制造厂，将生产配零件的生意承包下来，发放到各个村庄生产。于是不少村庄开起打铁铺，升炉打铁，专门为那些国营大厂打造螺丝螺帽螺钉等铁制小配件，后来生产大厂需要的任何配件。直至今天，晋江依然有这样专门为大厂生产配件的铁工厂。蔡天守看到整个东石镇炉火亮堂，处处有打铁的声音，他知道市场需要钢铁，就和村里的蔡长春等人合作，做起钢铁买卖，从各地炼铁厂购买钢筋铁条，运到晋江供应整个东石镇的打铁铺。靠着自己在外获得的信息，靠着这运来运去的两地价格之差，积累着自己的钱财。

生意刚刚起步的蔡天守，开始在市场经济的道道上走的时候，基本就是在这样的圈子中打转。花生收成时，他知道东石镇的潘径村有人在办花生榨油厂，就向村里的农民收购花生，载到潘径榨油厂换花生油，再把花生油卖给村民，这一来一去，挣一些辛苦费。福建的平潭稀缺地瓜粉，晋江是地瓜县，蔡天守就与朋友蔡文伟一起，在东石镇农产市场上收购地瓜粉，运到平潭贩卖。在这期间，他又发现平潭人不吃狗肉，而狗肉是"个个猛"的晋江人喜欢的佳肴。于是他就以一斤四毛钱的价格购买平潭的狗肉，

运回晋江以一斤七毛钱卖给好吃狗肉的晋江人，这样一来一往，一趟平潭之行，大致能赚个三五百元，在刚刚萌动着春天希望的二十世纪八十年代初，一次辛苦能有那么以百元计算的收入，已是让人很满足了。

二十世纪八十年代初的中国，交通与通讯设施与今天有天壤之别。那时交通不便，通讯不顺，道路不畅，运输困难，在这些阻碍流通的障碍面前，蔡天守不畏艰难困苦，不惧路途艰辛、翻山越岭、披星戴月、忍饥挨饿，在实践中看到种种创业的机会和赚钱的路子，发现"生意，就在生活中"的道理。

这一段生意场上的艰苦跋涉，为他后来的创业奠定了信念与意志的基础。谈到这段经历时，蔡天守总是淡然一笑，用闽南话说："吃苦就是吃补。"

建家与立业：从开米店到卖雅马哈

1982年10月，在外面奔波闯路的蔡天守停下脚步——母亲病了，大病卧床不起，病情不见好转，孝顺的蔡天守回梅塘，回到母亲的身旁，请医生，煎药汤，扶上扶下，端水喂饭，从小与母亲相依为命的他，担当起儿子照顾母亲的全部责任。但此时，母亲想的却是儿子的终身大事，她内心最大的愿望，就是在离开这个世界之前，亲眼看到儿子蔡天守大婚。在闽南农村，人的一生需完成三件大事——娶妻，生子，盖大厝，这是蔡天守父母那一代人遵循不变的价值观念。一家之长，要完成这项重要使命，为孩子举行结婚大礼，这样才对得起一家之长的名号。

为了满足母亲的心愿，十九岁的蔡天守决定结婚，妻子是他在两年前组建打石队为英林镇西垵村的洪家打磨石头时认识的，叫洪缝纫，是洪家的女儿。那年打石队为洪家建房打琢石料，队长蔡天守聪俊潇洒、英姿勃勃，不仅有手艺，而且带着一股领头人才有的英气霸气，这让与蔡天守同龄的洪缝纫很是欣赏。蔡天守为洪家打磨石料，缝纫的奶奶给工人们送点心，会偷偷地在给蔡天守的粉丝碗里卧一颗荷包蛋，蔡天守每次吃到鸡蛋时都要看洪缝纫几眼，边吃边偷偷乐着。之后，蔡天守因为手指头被压断，不再能混迹打石场，做起别的生意，经常在各地奔波，但凡两人有了见面的机会，都会有所不舍，互相关心对方的生活。所以，当母亲向蔡天守提出婚姻大事时，蔡天守立马想到多次在粉丝中埋荷包蛋的老奶奶，想到她的孙女，蔡家决定向洪家提亲。然而，事情并不顺利，母亲按着当地的风俗，请人到洪家提亲时，洪缝纫的父亲给蔡家的热心浇上一盆冷水，他不客气地对做媒的人说："自古有言'有女不嫁前埔'，我怎么能让女儿到一个穷地方受苦。"蔡天守亲自去求婚，洪父还是坚决地说："我女儿就是当尼姑，也不能嫁前埔。"洪家掌门人的这句话，后来成了蔡天守敢叫家乡日月换新天的动力。

洪家并没能阻止有情人终成眷属。这是二十世纪八十年代，晋江以及晋江以外的社会现实与春天的气息，尤其是附近厦门经济特区的快速变化，已经用事实告诉所有人，一切变化皆有可能，前埔也不再是前埔，穷不是命定的，是可以改变的，更何况洪缝纫这位姑娘要嫁的不只是前埔郎，而是一个已经走在奋斗道路上的年轻人。女儿与奶奶都同意这门亲事，父女两人虽看法不同，在一段时间的磨合后，最终还是一致看好蔡天守这个年轻人，父亲同意了女儿的终身选择。

蔡天守结婚了，结婚就是成家，"娶妻，生子，建大厝"，人生的三件大事完成第一件。结了婚的蔡天守耿耿于怀，记着老丈人说的那句话——"我女儿就是当尼姑，也不能嫁给前埔"，他得奋斗，他得改变人们对家乡的看法，他得让老丈人发现自己的女儿没有嫁错人。结婚两个月后，母亲含着完成使命的微笑离开人世，守完孝的蔡天守整装待发。

这时，晋江政府已经出台"五个允许"——允许群众集资办企业，允许雇工，允许股金分红，允许随行就市，允许供销人员按供销额提取业务费。这五个允许，为原本就不愿接受束缚的晋江人松了绑，点燃了晋江乡村工业化的"星星之火"。晋江那几十家后来成为全国乃至全世界知名的企业，就是在这个时候，在五个允许下开始创办的。

满孝后的蔡天守要到哪里去，是重新回去跑单帮，还是另找发家之路？俗语说，成家立业，成家了就要立业。蔡天守两手空空，还无法创办企业，在他朴素的内心里，立业就要有自己的店面自己的生意。于是，他想到先前当学徒的"矮子裕"米店。那些年在米店，由于自己的机灵、热情与诚信，有着吃苦与爱拼才会赢的精神，他赢得米店顾客们的赞扬，与顾客建立了亲密的关系，也取得老板"矮子裕"的信任与器重。在他要离开米店时，"矮子裕"恳切地请他留下，甚至提出用提成的方式让他安心工作，为米店多挣收入多挣利润。由于有这样一层难得的主仆相互信任关系，蔡天守决定找先前的老板"矮子裕"谈谈。

没想到，蔡天守与"矮子裕"的交流竟是如此顺利。在"矮子裕"的眼中，蔡天守就是一个生意精，有做生意的天赋，能经得起生意场上的风风雨雨，与蔡天守合作他本来就没有后顾之忧。

蔡天守提出在老家梅塘租用电厂阳台搞销售的建议也暗合"矮子裕"另开地盘的心思，两人一拍即合，"矮子裕"主动给蔡天守米店一成干股。自此，蔡天守在家乡有了立足之地，他做得更起劲更花心思了。在他的鼓捣下，梅塘的米店生意兴隆，门庭若市。一年以后，"矮子裕"要缩小米店的摊子，转型做别的行业，他回收完梅塘米店的投资并得了不少利润，很慷慨地将整个梅塘米店转让给蔡天守，蔡天守成为梅塘米店唯一的老板。

创业初期的蔡天守

有了完全属于自己的米店，有了自己的生意天地，蔡天守如鱼得水，拳脚施展起来了。

为了扩大米店的业务，蔡天守首先将零售改为批发，他让妻子在店里照顾生意，自己外出探路，遇上价格上有赚头的大米，便整批整批地购买回来，再整批整批地批发给东石镇各村的米店，这一变化，使梅塘米店的经营飞跃发展，年销售量一下子增加十倍，经营额提高了十倍。

批发大米给蔡天守带来许多灵感，他少年时期跑单帮买卖化肥、花生的经历派上用场，他将米店的经营范围扩大到批发化肥批发花生，店开得越来越大，生意也越来越红火。

红红火火的米店已经难以容纳下蔡天守的雄心，他想起那个叫经济特区的厦门，人们说厦门出现很多新鲜的商店，比如友谊商店，专门卖海外的商品，卖市面上买不到的商品，而且免税。

创业初见成效的蔡天守

蔡天守带上舅舅给的华侨购物券，去了一趟厦门，去了琳琅满目的友谊免税商店，那些又新鲜又便宜的商品，让这位晋江来的米店老板流连忘返。厦门的这一趟考察，让蔡天守看到城市百货商店的繁华，回乡后，他就用米店赚的钱投资，在梅塘开了一家百货店，后来察觉农村建筑、生产、生活有各种需要，他又开了一家五金店，出售小五金产品。米店、小百货、小五金，蔡天守多管齐下，不亦乐乎。

　　去厦门那次，蔡天守还做了一件当时很荣耀的事。他有备而去，听说友谊商店里有很多海外来的稀有商品，像摩托车、缝纫机、电视机、录音机等，拿了舅舅回乡时给的华侨购物券和手中存款，从友谊商店骑回一辆雅马哈摩托车。那时，回乡探亲的华侨或出国归来的人有购物上的优惠，他们有侨券或外汇券，凭这些券可以在友谊商店等免税商店买免税商品。骑回雅马哈后，蔡天守就用雅马哈摩托车代替其他交通工具，走街串巷，联络各乡镇的生意，搬运着大米、百货和小五金，其轻便与快捷不言而喻。这辆雅马哈，引来乡亲们的关注，许多人看着蔡天守骑着雅马哈的潇洒劲，生出莫名的羡慕。晋江是华侨的祖籍地，谁家都有侨眷，手中也都有侨券什么的，加上晋江人生意做得早，人人口袋中都有一些存钱，追求一点出门的便利、生活的开心也是很自然的事。而且，闽南话中流行着一句话，叫"输人呣输阵，输阵番薯脸"，说的是这脸面很重要，不能输给他人。晋江人"个个猛"，你有了雅马哈，我也得有雅马哈，这才不会让人看扁。于是，很多人就找上蔡天守，让他的百货店或五金店也进进雅马哈摩托，以便跟着哈哈一番。蔡天守一想也对，雅马哈难搞，一搞到手卖出去利润就大，何乐而不为。于是，他就利用走街串巷的机会，

随时随地收购侨眷们手中的购物券、外汇券，又向农村信用社贷款了二十万元，然后到厦门购买雅马哈摩托车、凤凰牌永久牌自行车、蝴蝶牌缝纫机等"大宗商品"，做起大宗买卖。那时，那些成为大宗商品的货物一件便可以赚到几十元钱甚至上百元钱。

然而，这"大宗生意"不仅没让蔡天守赚到钱，而且给他带来生意场上的第一次大败。由于蔡天守的商店，无论是百货店还是五金店，更不要说米店，都没有摩托车、缝纫机、自行车的经营权，蔡天守栽了，栽在不懂商店的经营权限，他的百货店被罚款数十万，库存的摩托车、缝纫机、自行车被没收，百货店被贴上封条。一夜之间，他鼓鼓的口袋变扁了，他辛辛苦苦赚来的那些钱，连本带利地流得一干二净，而且，还被工商管理部门挂了个倒卖外汇券的罪名。查封他的百货店、五金店的时候，他当场晕倒在地。这时，向银行贷的款还欠八万元，店里几年来赚下的二十多万元也被罚走，他变得一无所有。

但蔡天守终究没倒下去，他还年轻，在刚刚兴起的市场经济潮流中，还有得拼，失败并不可怕，怕的是跌倒了就爬不起来。这时，母亲教导的那句话又在蔡天守的耳边响起："摔倒了，也要抓两把沙子再站起来。"

创业路上的第一桶金

百货店的失败，使蔡天守的销售美梦化作泡影，这个失败，让刚刚踏上经济主战场的蔡天守汲取了两个很重要的教训。其一，生意无论大小，都得依法行事，一旦违法，连老天都无法救你；

其二，市场要有所选择，不能见钱眼开，不要哪里有钱就往哪里钻营。虽然爱拼会赢，但也要拼得有根基才会真赢。

当蔡天守摔倒后又"抓了两把沙子再站起来"的时候，他与夫人一合计，觉得还是销售大米实在，回到老本行生意更可靠。但这一次的米店生意，他有了新的思考与作为，他将战线延伸开去，开办了梅塘碾米厂，提供碾米卖米一条龙服务。

男主外，女主内，这通常是闽南企业运作的方式，蔡天守的碾米厂与米店的运作也不例外。碾米厂开办起来后，蔡天守先是跑省内的粮食转运站和粮食议价中心，从转运站、议价中心买回稻谷，碾成米后再从米店销售出去。后来，他发现省内议价中心的粮食也是从产粮大省转贩来的，从外省买粮食成本更低，于是他就从临近的安徽省开始，满世界找粮食，江西、浙江、东北，哪里有粮食议价中心，他就跑那里，只要价格合算，他一车皮一车皮地将稻谷拉回到老家晋江梅塘，碾了再出售。在长途购买转运粮食的路上，为了省钱，蔡天守经常只买一张火车站票，凭着年轻体壮，站着来往于故乡与异地之间，实在累了，就躺在别人座位的下面，打盹休息甚至睡觉。因为买的是站票，没能休息好，每到目的地，人都疲惫不堪，一路风尘仆仆，来不及梳理打扮，难免缺少体面。有一次，他到安徽芜湖的粮食议价中心，中心负责人见他的模样，听他一口闽南腔的普通话，竟然要赶他走，呵斥道："你是哪来的骗子？"蔡天守好说歹说，拿出一叠能证明自己身份的证件与经营证明，才让议价中心的人相信了他，给了他两吨的议价稻谷。这之后，他以自己的诚信赢得这家粮食议价中心的特别信任，和他们交上朋友。蔡天守就这样不着家门四处跑着购买粮食，谷子的地域差价赚一程，碾米加工又赚一程，将米卖出去还赚一程，几道程序都有利润，蔡天守的日子很快又好过起来了。

1989年夏天的一个早晨，晋江东石镇通向梅塘的马路上，十几辆五十铃货车，车上是一麻袋一麻袋喷发着谷香的稻谷，从张厝村到梅塘排成一条长龙，这是蔡天守从江西运回的稻谷，也是蔡天守有生以来做的最大一笔粮食生意，总共十二个火车皮，共七百二十吨稻谷。这长长的粮食车队，轰动了整个东石镇。原来，1989年有许多区域粮食收成不好，缺粮的福建也是如此，以沙地和盐碱地为主的晋江地区，粮食歉收更加严重。蔡天守审时度势，预感到稻米将成为八闽大地乃至更多区域的紧缺物资，于是依托自己与全国各地粮食议价中心的关系，倾其所有货款，提前与江西的粮食部门签订合约，以每吨七百六十元的价格购买下这七百二十吨稻谷。

那一天，蔡天守夫妇俩组成搬运的"夫妻档"，将一麻袋一麻袋的谷子搬到仓库里。蔡天守将自己几年来碾米与卖米赚得的钱全部用在买这七百二十吨的稻谷上，平时，因为要还经营百货店与五金店欠下的钱，什么事他都自己动手。尽管此次稻谷有七百二十吨之多，他还是舍不得花每吨八角钱的搬运费雇人搬运谷子。夫妻两人像平时一样，自己卸车，自己扛袋，自己装叠，到最后人累塌了，才雇村民帮着装卸。从早上八点装卸到晚上十点半，干了近十五个小时，将七百二十吨的稻谷全部搬进仓库储存。回忆起那天的情景，蔡天守感叹地说："那一天扛粮扛得都快吐血了！"

这一趟扛得"快要吐血"的劳累却带来惊喜。1989年年底，市场上米价飞涨，稻谷的价格比年初翻了一番，储存在仓库里的一吨七百六十元买进的稻谷，卖出时一吨一千五百二十元，价格翻一番，赚钱赚一倍，这一来一往，蔡天守前后盈利五十多万元，这是蔡天守有生以来见到的最大一笔钱。这笔钱让他还清所有欠款，成了他创业初期宝贵的资金积累，即使后来蔡天守成为拥有数十亿资产的集团董事长，他依然将这笔由卖稻谷赚来的五十多万元当作自己事业成功的"第一桶金"。

第二章

"爱拼会赢"：三板斧砍出的服装天地

第一板斧　从吃的生意到穿的企业

"三分天注定，七分靠打拼"，这是晋江人人会唱的闽南语歌曲，更是晋江企业家们挂在嘴边唱在心里的歌，这首歌浓缩了晋江人最为宝贵的人生信条与敢于奋斗、百折不挠的精神。

二十世纪八十年代初，晋江人敏锐地感受到历史新时期到来，由祖辈的异乡打拼转向赤子在故乡的"打拼"。十三岁就"提篮小卖"的许连捷从一张纸做起，吃着地瓜稀饭打拼，最后成就名闻遐迩的千亿企业恒安集团；晋江农民丁和木卖掉所有值钱的家当，凑得一千块钱，从家庭作坊的一只鞋起家，从拉着六百双鞋子闯荡北京到创下市值千亿港元的安踏品牌，靠的都是敢于闯荡江湖、敢于坚持坚守、敢于创新、敢为天下先的"爱拼会赢"精神。在改革开放初期，"睡不着的晋江人""个个猛的晋江人"就靠着在艰苦中磨炼出来的意志，靠着对实业、本业、主业的坚持坚守，不畏惧传统制造业的竞争激烈，不害怕附加值薄而放弃打下的江山，最终赢得创业与企业转型的成功。蔡天守也这样，他从经营米店开始，最后也落地在实业上，选择服装业这一传统制造业开始他新的人生，在这最关键的选择上，蔡天守在服装织造的道路上砍出结结实实的三板斧。

八十年代初期到中期，晋江和石狮成为全国老百姓家喻户晓的地方，石狮出名并不因为生猛海鲜，而是因为服装。八十年代中期，石狮已经是全国包括香港等境外地区的服装批发地。由于华侨资本的带动，晋江早早地就利用华侨从国外带回来的花纹色彩不同、材质不同的布料，制作出款式新颖的服装，远远领先于全国的服装产业。今天已经成为中国与世界品牌的晋江服装企业有很多，如柒牌、劲霸、七匹狼、利郎、九牧王，运动服装品牌安踏、匹克、鸿星尔克、361度、特步这些知名服装织造企业大多于这一时期开始创业。这些企业处于刚刚起步阶段，但产品已经让人羡慕不已。改革开放之前，中国老百姓穿着统一的式样统一的颜色，一路上看去，经常是一路的深灰深蓝，一路的中山装军装。经历思想解放、改革开放春潮后，老百姓不再满足于十年一贯制的服装，追求穿着的个性，追求服装的丰富多彩。于是，晋江服装集聚地石狮得到全国服装销售商和各地人们的青睐，人们在石狮不仅可以买到便宜服装，还可以遇见多彩多姿的服装式样。那一时期，石狮镇内大街小巷布满服装店，零售的批发的，样样齐全。每天有几万人涌入石狮镇，开着车的，挑着担的，提着大包小包的，说着南腔北调的，人虽来自五湖四海，眼睛却都盯着服装。人们从中国南方的这个小镇，将新鲜的、靓丽的、风格各异的服装，源源不断地送到大江南北、长城内外。

蔡天守被这一情景打动，他决定进军晋江的聚集产业——服装业。

此时，蔡天守手中有人生中的第一桶金——这从粮食差价中获利的五十多万元，他心中打起更大的算盘，他觉得自己与妻子不能在一棵树上吊着，他要拓展业务。蔡天守对妻子说："咱们这

改革开放初期的石狮服装市场

些年赚的这些钱，如果只是原地踏步，就不会有大的进展。我核计了一下，除了在马路边盖自己的店面，剩下的钱可以分为两份，一份用以继续经营米店，由你继续经营。一份由我带着，找其他的商机，做其他生意。这样，即使我新开张的生意失败了，也还有米店这份老本扛着，到时我再回来与你一起端老饭碗。"妻子觉得在理，同意了。于是，蔡天守开始从事当年晋江最兴盛的服装产业。

改革开放初期，人们的口袋开始鼓起来，最抢眼的景象是因廉价劳动力市场而带来的来料加工产业的火热。蔡天守从事服装产业也从服装加工起步。

决定向服装业进军，蔡天守的考虑是：一，晋江与石狮的服装业非常发达，缝纫技术市场成熟，熟练工人多，聘请工人既容易也便宜；二，刚刚改革开放的中国大陆来料加工的成本低，有优势，华侨资本正在源源不断地进入晋江、石狮一带的服装业，服装加工订单快速增长，加工市场还很大；三，服装与粮食一样，是生活的必需品，是民生需要，市场在一定的时期内供不应求。

精准地核计从事服装的一、二、三之后，蔡天守毫不犹豫地砍下第一板斧。

他先在路东村建起钢筋框架的三层厂房，邀请同村蔡共和一起出资购买五部下兰机器，合作办晋江和兴服装厂，开始承接下兰、打枣、缝眼等服装加工业务。

万事开头难，建厂房，购买机器，几乎花光了蔡天守的积蓄，蔡天守什么事都得亲自干，不仅当老板，更得当普通员工，当哪里需要哪里去的特殊员工。请不起师傅，蔡天守就自己学，从认面料开始，学会打版、剪裁、缝纫等一整套服装制作技术。在那些日子里，蔡天守吃住在工厂里，与工人们一起，不辞劳苦地艰苦创业着，累了就地靠一靠，躺一躺，有时躺在地上睡着了。有一次，因为客户催得紧，工厂三天三夜赶工加班，本以为可以完成订单，不料遇到纽扣库存不够。蔡天守已三天三夜没歇息，身体极其劳累疲惫，但依然发动摩托车，连夜赶到石狮，敲开纽扣厂家的大门，补上缺的纽扣。因为劳累过度，在回厂房的半路上，连人带车摔倒在水沟里。那一刻，他瘫坐在水沟边，想起从和兴服装厂创办以来的不尽辛苦，他甚至问自己："为何要自讨苦吃？倘若好好地经营米店，还用遭这份罪吗？"

但开弓没有回头箭，蔡天守恰恰是知难而进的闽男汉子，他不会给自己退路，他警醒自己：在创业的道路上，遇到一点困难障碍就打退堂鼓的人，是不会有出息的。他相信闽南民间的谚语"苦心人，天不负"，他爬起来，带着伤，开足马力，在选定的道上奔跑起来。

真的是"苦心人，天不负"，蔡天守与员工们的付出终于有了回报。1990年年底，蔡天守从事服装产业的第一年，和兴服装厂盈利一百五十万元，凭借着买米而盈利的五十万元闯荡服装加工，竟获得比投入高出三倍的盈利。蔡天守有一种从未有过的成就感，妻子在衷心点赞丈夫的同时，居然提出放弃米店经营而改行壮大服装业的想法。她对蔡天守说："正常情况下，大米不会涨价的，像89年那样的米价差不会经常发生，做大米生意也就那么个样，一年下来也只是十多万的盈利。不如把米店关了，和你一起做服装才好。"但蔡天守反对，他不同意放弃那份最早给他带来希望的生意。他对妻子说："咱们米店基础好，人际人情也好，有这样一家米店开在咱们村庄，我放心，家人放心，乡亲们也会

进军服装产业时的蔡天守

放心的。"在蔡天守的意识里，服装作为生产企业，是要在市场上承受激烈竞争的，有竞争就会有风险，他不想让一个女子在风浪中打拼冒险。在闽南，打拼冒险是男人的事，他最终说服妻子，安安稳稳地做她已经很成熟的米店生意。他说："你的米店也是我的后路。"有一天蔡天守在外再无路可走时，他是要回到家乡的米店来温习自己的人生旅程的。

但事实是，蔡天守不可能再回来了，他既然出击，就不会退却，他知道，在竞争的战火中，退却就是死亡，他向着服装产业砍下第二板斧。

第二板斧　出击常州毛纺厂

二十世纪最后十年的中国和世界，一开始就很不太平。刚刚经历政治风波的中国，许多事情尚未理顺头绪，接连又遭遇苏联解体、东欧巨变，偌大的社会主义大家庭分崩瓦解。面对这些世界性的历史难题，各式各样的人物相继登场，给出自己的答案。西方敌对势力大肆宣扬"共产主义大溃败"，国内一些坚持资产阶级自由化的人也主张放弃四项基本原则，走"西化"道路。一部分干部群众一度出现否定改革开放的模糊倾向，甚至出现姓"资"姓"社"的争论。于是，涌现出来的缤纷世界，既有人向往，也有人担忧，面对改革开放实践道路，有人坚定，有人彷徨，有人要继续前行，有人则想退缩。这既需要理论澄清，也需要勇者不畏艰险，砥砺前行。沧海横流，方显英雄本色，中流击水，浪遏飞舟，只有在时代激流中勇敢前进的人们，在改革开放的大潮中才能永生。

此时的晋江，爱拼会赢的精神反而特别突出有力，社会上有人对改革开放犹豫彷徨，晋江人凭着一路拼搏下来的勇气，向服装产业的规模性品牌经营迈出第一步。

然而，此时的服装产业已不再只是晋江、石狮一枝独秀，在江南，在江北，在沿海，在内地，各种各样的服装加工厂雨后春笋般涌现出来，人们觉得这是风险少而有利可图的行业，晋江、石狮一带的服装业还在影响异地产业，但也遭遇到全国性的挑战。蔡天守的和兴服装厂，无论规模还是质量，都只处于起步阶段，在浪遏飞舟的市场大潮中，没有好的决策，没有爱拼敢赢的精神，没找到与自身实际相吻合的发展之路，这只小船很可能就被淹没在服装业的汪洋大海中。

这条路被蔡天守找到了，蔡天守的出路是将步伐跨大，迈出晋江地区，迈出八闽大地。有一次，他依照往常的习惯，到石狮去进服装的毛里面料，那时面料紧张，只有石狮这个供应地，石狮的面料来一车便被买走一车，蔡天守也只得到运输现场直接从运输车上取货。借这次取货的机会，蔡天守就向运货司机打探毛里面料的来源。司机告诉他，石狮的毛里面料都是从江苏常州运来的。蔡天守与司机寒暄起来，临走时向司机要了一张常州商家的名片。

弄清楚服装毛里面料的原产地是常州之后，蔡天守心中有底了，这个早就因为购买稻谷而走南闯北的闽南汉子，很快就踏上去常州的旅程，顺着司机给的名片，找到供应毛里面料的常州毛纺织厂。到厂里一看，蔡天守的眼睛亮了，这里的毛里面料，每一码要比他在石狮进的货便宜五元，他心里一盘算，按和兴服装厂一个月的生产量计算，单毛里面料这一项，每个月就能节约成本四十万元。

　　此时的常州毛纺织厂，虽然也进行了改革，有一家台湾的小企业入股加入生产销售，但主要还是靠向南方供应面料而生存，生产与销售并不景气。考察完这家毛纺织厂，蔡天守当即改换门庭，让和兴服装改向常州毛纺织厂购买毛里面料，同时，他通过联络与沟通，凭着自己与全国服装行业的关系，获取了这家工厂的总代理权，将面料运往南方各服装产地，同时开拓北方服装面料市场。他以双向运作的方式，在将服装面料输送到晋江、石狮的同时，又将晋江、石狮的新款服装输送到江南一带。这一来一往，原本也是蔡天守少年初涉市场时的生意方式，但这次却给他带来巨大收成，他微笑了，但并不满足，他发现这家工厂有个与晋江大部分工厂不一样的地方：在晋江，产品是畅销的，工厂经济效益就好，员工的工资收入就高，可常州毛纺织厂，毛里面料虽然供不应求，工厂却没有效益，甚至亏损。原因何在？蔡天守看在眼里，想在心里，一种创业的冲动与向着更大更新事业挑战的欲望在胸中升腾着，他很自信，凭着自己的实践体验与晋江私人企业的管理经验，自己定能让常州毛纺织厂扭亏为盈，挽救这家处于亏损中的工厂。

　　天下的事有时便是你敢想就有成为现实的可能，机缘巧合的事经常发生。就在蔡天守想着挽救常州毛纺织厂的时候，原先与毛纺织厂合作的台湾商人，因为年纪大了要退休，也因为毛纺织厂不能带来效益，有意将持有的三成三股份转让出去，蔡天守抓住机会，毅然买下台商的股份，意外地成为常州毛纺织厂的副董事长，走进常州毛纺厂董事会。

　　董事会上，蔡天守毫无保留地说出自己的想法："毛纺厂为什么有销路没效益，不仅不盈利还要亏损？这是因为白端饭碗的人太多，吃闲饭的人太多。一块蛋糕太多人要吃，就一定不够吃。"
他向董事会介绍了晋江私人服装厂的经营实例、工厂生产规模与
员工规模的配置情况，然后指出："现在我们的厂，其生产条件、
生产规模与人员配置是不搭配的，虽然表面风风火火，但是生产
成本与管理成本太高，不亏才怪。"他自己向董事会请缨出任工
厂总经理，按自己的思路改变工厂的经营策略，打破现有局面，
让毛纺厂扭亏为盈。他很诚恳地说："我是个外地人，但我来自服
装产业最活跃的晋江，我有管理服装类工厂企业的资源；我虽然
读的书不多，普通话也说不好，但我有管理的成功实践，只要大
家信任我，我一定能改变工厂现有的局面。"他像立军令状一样，
在董事会上表态："若是工厂赚钱了，那算工厂的，有钱大家分；
若是工厂亏钱了，那就算我的，亏损的全部我自己承担。"来自
闽南的汉子蔡天守，以这样的方式毛遂自荐，赢得了正在苦恼于
摆脱工厂困境的董事长的支持，也博得董事会的信任。两周之后，
他接手常州毛纺织厂总经理职务，开始他异地服装业的打拼。这
是蔡天守向服装产业砍出的第二板斧。

这时期的常州毛纺织厂，虽然有外资股份，但基本在未改
革的国营摊子上运转，机构臃肿，部门林立，各部门各占据着一
块地盘，办事效率极低，人员严重超编，不大的仅以供应毛绒面
料为主的工厂，生产车间的员工就有五六百号人。许多人因无事
可做而无心工作，上班时喝茶，说闲话，看报纸是家常便饭。由
于效益不好，干部员工都提不起精神，听之任之、得过且过的懒
散不断蔓延。蔡天守上任后，立即抓住症结，依仗着自己是外地
人，仗着来自改革开放的沿海地区的优势，不管情面，大刀阔斧，
将六百多名工人裁掉一半，管理人员也从一百七十八人裁减到

43

二十五人。在当年的常州，这是一次极为大胆与惊险的改革，虽然工厂照旧给被裁员工发工资，但毕竟这是打破人家铁饭碗的行为，自然招来非议与抗拒。那些日子，蔡天守挨了各种各样的怨怼与辱骂，甚至差点挨打。但他毫不气馁，而是信心百倍，想到家乡晋江、泉州改革开放初期国企改革后翻天覆地的变化，他改革常州毛纺织厂的步伐更加坚定。从此，他在江南与闽南之间来回奔波，将常州的服装面料带回服装基地晋江、石狮，将厦门、晋江的成功经验不断带到常州，带入自己经营的毛纺织厂。

三个月后，常州毛纺织厂进行季度核算，蔡天守向董事会与全体员工交出一份令人满意的成绩单，全厂一季度的经营成本平均降低百分之四十六，生产效益提高一倍，工人的工资翻一番，涨一倍，第一季度的优秀成绩为蔡天守在常州毛纺织厂确立了地位，人们不再怀疑他怨怼他了，将工厂的希望寄托在这个外地人身上，把他当成改变面貌、摆脱穷困的领头羊，跟着蔡天守，很有奔头地干了起来。一年后，常州毛纺织厂的利润达到一千八百多万元，破天荒地有了一笔丰厚的收入，在职员工的工资随之提高两倍。这引起常州传媒的关注，引起常州企业的仿效，轰动整个江南的服装面料产业。

蔡天守砍出的第二板斧，在江苏常州服装百花园绽放出一朵奇葩。

第三板斧　回到故乡坚持服装织造

1992年是中国改革开放很不平凡的一年，这一年，南方的春天特别温馨香艳。1月18日至2月21日，改革开放的总设计师邓小平，以普通党员的身份，先后赴武昌、深圳、珠海和上海视察，沿途发表了重要谈话，史称"南方谈话"。这个谈话，在改革开放的关键时刻，力排众议，拨正船头，引导中国特色社会主义航船驶向光明彼岸，谈话将建设有中国特色社会主义理论与实践历史性地向前推进了一步，市场经济给中华民族，给中国老百姓带来的佳音喜讯，赢得了理论上的肯定与确立，长期以来束缚国人手脚的僵化思想解冻了，坚持四十年之久的计划经济退出历史舞台，一时中华大地春潮涌动，大潮澎湃，经济主战场全面开放。

在蔡天守的领导下，常州毛纺织厂一天天兴旺起来，蔡天守成了职工心目中拯救毛纺织厂，将职工们带上发家之路的英雄。回忆起在常州的生活经历，蔡天守感慨地说："常州历练，让我充满自信。我虽然读书不多，但实际的经营却让我基本读懂，读通，读透了企业这本书。"在常州奋斗的时候，蔡天守奔波于江苏、福建两省，劳顿于常州与晋江之间，当企业转机出现，经营效益日渐转好时，蔡天守像所有闽南人一样，有了异地生活浮萍无根的感慨，他想回家了。从1992年邓小平南方谈话之后，蔡天守就按捺不住自己，他向常州毛纺织厂向常州市政府几次递上辞呈，提出要回故乡创业，但毛纺织厂职工总是苦苦挽留劝阻，常州市的分管领导也几次与他交谈，提出挽留的优惠条件，这一切，让蔡天守这位重情重义的闽南汉子总是迈不出离开的步子。此时，晋江农民丁和木已经从家庭作坊的模式跨越出来，成立安踏公司，寓意着公司生产的鞋子"穿着很安全，能够踏踏实实地走路"，虽然安踏这样的企业还没有明确的品牌意识，更尚未确定品牌方略，但其产品却通过石狮这样的服装产品基地走向全国的市场，故乡的服装业正在如火如荼发展，聚集性的服装产业催促着蔡天

守抓住机遇，迎头进击，让和兴服装厂也来个时代的变脸。

1993年春天，在兑现了让常州毛纺织厂走上健康发展轨道的承诺后，蔡天守再也待不下去了，他辞别常州毛纺织厂一起奋斗生活了两年的同仁，回到晋江，砍出了他的第三板斧。

回到晋江，蔡天守用一年的时间，选择厂址，规划厂房，建设车间，购买设备，安装机器，进行生产调试与开展工人培训。1994年1月13日，晋江市天守服装织造有限公司正式成立，天守服装基地正式投入生产。天守服装基地占地三十亩，总投资一千五百万元，工厂工人二百多人，连同外发工人，员工总计一千多人，年生产服装能力达到四百万件，是当年晋江服装制造业的龙头企业。有了这个规模不小的企业，蔡天守更得"打拼"了。"三分天注定，七分靠打拼"，这"天注定"的"三分"已经很明确了，人生最佳的"打拼"时期正遇上改革开放的大好时期，剩下的七分就是自己决定自己的命运。蔡天守带着服装样品奔赴全国各地开拓市场，寻找商机，忍饥挨饿、通宵达旦忙碌是经常的事，累得倒在办公室里，倒在机场上，倒在下榻之处也是常有的事，但在竞争最激烈、附加值不高的服装制造业，天守服装织造有限公司却越来越红火。

蔡天守砍出的这第三板斧，奠定了蔡天守一生坚持的产业、本业、主业的基石，也为他后来的振兴乡村、建设社会主义新农村奠定了基础。尽管在后来的制造业领域，服装业风吹浪打，竞争一浪高过一浪，蔡天守却始终与服装制造业不弃不离，坚持在这条道路上，奋斗不已，不断攻克难关，抓住时机转型升级，开放性地开拓发展，使自己在激烈竞争中立于不败之地。这种对本业的坚定不移，实际上是"爱拼会赢"的精神体现。

第三章
明星企业的脚步

"发展才是硬道理"

以接力奋斗踩准时代鼓点，以改革创新攻克前行难关，这是"爱拼会赢"的晋江精神的生动写照。考察那晋江众多的以强劲的发展势头屹立于改革开放大潮中的知名民营企业时，会发现，晋江这些知名的民营企业有一个共同点——永不止步地发展，永远在路上奋斗。晋江的企业发展史册上，清楚地写着七个大字——发展才是硬道理。恒安集团是这样，安踏集团是这样，天守集团也是这样，他们都从一个公司，从一项业务扎扎实实地做起，紧跟时代变化发展，遵循市场沉浮变幻，经过多次破茧创新，才有企业的蒸蒸日上、发展壮大。

蔡天守服装公司的第一次破茧，是从单一经营领域跨入多元经营领域，对于蔡天守来说，这是拓展，但不是盲目扩张，他一直以不离开本业、主业的发展理念来推进企业的规模化发展，致力于多元化经营与特色经营的统一。与许多晋江民营企业家一样，蔡天守借鉴了多元化经营思想。

2008年5月14日，蔡天守接受《东南早报》专访，描述当年拓展企业经营范围，扩大企业规模的想法与做法："全球有许多在多元化方面经营成功的企业。只要企业有好的经营模式和制度，

在厦门创办公司时的蔡天守

多元化可以创造出更多的商机。"邓小平南方谈话发表之后，中国的市场经济迅猛异常地发展起来，率先发展起来的晋江民营企业，显然遇上更多的发展机遇，抓住机遇是每个商人企业家成功的基础，蔡天守也不放弃这样的大好时机，他选择多样化的经营来应对那接踵而来的商机。

1996年，他与台商合作开办天守植绒厂；

1997年，天守人造革厂建立；

1998年，天守喷胶棉厂、天守针织厂相继投产；

2000年，天守电脑织唛厂、厦门市天鸿盛发贸易有限公司成立；

2002年，天守透气透湿布料厂、厦门天守进出口贸易有限公司成立；

2003年，泉州天守房地产开发有限公司开始运营。

在经济主战场全面放开的时期，蔡天守几乎是一年建成一个新的工厂，开办新的企业，一年开拓一个新的业务，他以这样的大胆大面积地出击，迎纳市场的风云变化，抓住稍纵即逝的商机。他说："我选择多样化的经营模式，一方面缘于创业初期市场的机会多，我的商业嗅觉较敏锐，只要有机会就会去抓，有一段时间我是赚一笔钱就建一个新厂，一年建一个。"这种一年一个工厂一个企业的规模扩展，打破了蔡天守实业运营的单一格局，呈现跨行业跨区域的经济实体状态，体现出多元化经营的发展态势。企业规模的扩张，促使蔡天守在企业机构间实现资源共享与产品互补，极大地开拓企业内部开拓市场的潜力，形成互补互助的实体大格局，也促成天守企业的脚步从晋江跨向泉州、厦门等地，有效地壮大了企业的实力，走出一条左冲右突、纵横捭阖的发展之路。

在开拓路上，蔡天守的机警与独到之处是他并不追赶热门时兴的业务，始终不放弃服装本业、主业，从一年开一个工厂看，其拓展领域主要是服装相关产业。蔡天守算了一笔账，假如一件衣服成品有两块钱的利润，但只生产衣服本身，衣服需要的拉链、纽扣等配件向别的厂家购买，需要用一毛钱，每件衣服的成本就多了一毛钱。如果也办企业生产拉链、纽扣，这一毛钱的成本就会降下来，每件衣服的利润就是两块一毛钱，拉链、纽扣除了自己用，别的服装厂也需要，可以销售给其他厂家。以此类推，衣服配件大多都由自己投资生产，衣服的成本就会远远低于别的厂家，市场竞争力会因此大大提高。

正是出于这种朴素的经营理念，蔡天守在调整产业格局时更多地考虑那些与自己主业配套的产业——人造革厂、植绒厂、喷胶棉厂、织唛厂，这些产业的成品要么是服装制作的原材料，要么是衣服制造中不可或缺的配套设施。蔡天守说："另一方面，在多元基础上，我们有主业，也就是围绕着服装的产业链在运行，像人造革厂、植绒厂、织唛厂等，都离不开服装业。泉州的鞋服产业很发达，品牌众多，竞争日趋白热化，天守企业不能终结服装这个品牌，不能避开企业的直接竞争，而要在服装制造端广拓更多的资源。"就这样，以服装产业为核心，天守企业形成强大的产业链，在服装业激烈竞争的潮流中，他逐浪而行，脱颖而出。

在上市潮中走自己的路

晋江企业发展史上，有一个引人注意的现象，晋江的民营企业能坚持立足本地优势和选择符合自身条件的最佳方式来加快经济发展。改革开放四十年来，晋江曾有两次争先恐后、你追我赶的改革探索与尝试，这就是上市潮与品牌潮。正是这两股推力，有力地促进了晋江民营企业的转型升级。

1998年，香港回归伊始，亚洲金融危机爆发，金融市场和资本市场一片风声鹤唳，商界个个紧缩经营之时，晋江人许连捷却反其道而行之，带着恒安集团在香港上市，释放出晋江经济寻求向外突破的强烈信号，这个举动一下子牵动晋江的民营企业，带动晋江企业的上市热潮。为此晋江市政府设立"上市工作领导小组办公室"，引导企业上市改制，形成资本市场的"晋江板块"，迄今，晋江已拥有四十六家上市公司，成为全国一级上市企业最多的县级市。

就在晋江民营企业纷纷上市的时期，蔡天守认为天守企业自身实力不足，上市条件不够，所以他更倾向于专注地经营自己的实体，以多元化的经营来壮大企业规模。他说："我一旦准备进入一个全新的行业之前，都必须展开充分的调查，做足风险预案，绝不打无把握之战，对于一个行业一无所知就贸然进入，像这样的冒险行为，我是一点都不赞成的。"

进入二十一世纪以来，国际化的潮流席卷世界，伴随着国际市场的风云，中国市场发生重要变化，那种盲目地不顾实力而无休止地扩展壮大规模与经营范围的做法，遭到市场的挑战与惩罚。蔡天守发现，改革开放初期"生产力就是利润"的时代已经过去，市场竞争的加剧，生活水平的日益提高，都向产品质量提出越来越高的要求，消费者越来越挑剔。提高产品的质量，丰富功能，成为企业的当务之急。

　　这一时期，晋江的民营企业开始分化，有的企业强力推进，上市改制转型，发展壮大，增强自身市场竞争力，向资本市场、国际市场开拓进取；有的企业则跟不上趟，在激烈的市场竞争面前体力不支，产品开始积压，那个生产出多少产品就有多少消费者的美好时光已经一去不复返。蔡天守既不像恒安、安踏、浔兴拉链那样有实力，能乘势推进公司上市改制，也不像有的企业那样在市场挑战面前抓破头皮，依然束手无策。蔡天守决定走自己的路，走实事求是的发展之路。那段时间，蔡天守敏锐地察觉到市场的变化，他以谨慎的态度与冷静的思考将自己几年来的道路反思一番后，从2003年开始，他主动放慢企业发展脚步，不再像前些年那样"赚一笔钱就建一家新厂"，不再扩展新的业务，他警告自己不能把摊子铺得太大。这一招，为蔡天守日后的发展保存了很重要的实力。

　　蔡天守扩展规模和开拓新业务的脚步停下了，企业发展的脚步并未停下。他的可贵之处，就在于他清楚地看到市场的残酷性。他知道，置身市场竞争中的企业不进则退，不发展就难以生存。如何进？如何发展？那就得审时度势，了解市场的变化症结。蔡天守意识到，在刚刚跨入21世纪的中国市场环境下，企业与企业的竞争，不再只是生产规模的竞争生产力的竞争，而更主要是企业管理、产品质量、企业人才与科技水平的竞争。他发现这几年自己将主要精力放在生产规模的扩大上，而忽视了企业管理、产品质量与人才、科技的建设。于是他召开董事会，向董事会成员指出："如果内部管理搞不好，产品质量搞不上去，那么我们多建设一座工厂多创办一个项目，我们的企业就要多一份危险。"蔡天守说服了天守企业的股东，停止扩充领地的投资，着手整顿企业的内部管理，他要求各个董事，"先把原有的几个企业的内部管理搞好了再说"，他提出"既要增加生产数量，更要提高生产质量"的经营思想，这种向管理要质量，走企业内涵发展的想法，对于当年的民营企业家来讲，是很有见识很可贵的。

那段日子，蔡天守又出门去了，为了学习先进的管理与先进的生产技术，他一方面更密切地与泉州、晋江的著名企业家交朋友，一方面几上苏杭几下广州深圳，前往全国优秀的企业取经交流。回来后便召集开发部门、业务部门干部与员工研究管理办法，修订规章制度，探讨开发高品质产品，提高产品质量。与此同时，他不惜花血本引进国外先进的生产设备与技术，加大力度培训员工，通过有效益的管理与科技开发降低生产成本，倡导精益生产。据统计，就在停下拓展企业的脚步而生产反而如日中天的那些年，天守企业每年花在质量提高与产品研发上的资金，占销售总额的百分之五点六。

在企业管理上，为应对下属企业的增多，蔡天守制定了一套"两手抓"的管理模式，有效地监管下属的众多企业。他在每家下属企业中设一名总经理，主抓经营管理，总经理直接对董事长负责；同时下派一名财务总监，每月审核企业的效益状况，承担督促监管改善产品质量与盈利模式的职责，确保对下属企业的放手与控制的统一。

蔡天守这位仅仅读到初中一年级的晋江老板，实际上是很尊重管理科学与生产科学的，很懂得立足自身优势和选择符合自身条件的最佳方式，来管理自己的企业，加快企业自身的发展。蔡天守的"两手抓"管理模式，带来天守企业的蓬勃发展。

从2001年开始，作为乡镇企业，天守企业纳税额连续多年位居晋江东石镇民营企业纳税前列；到2002年，蔡天守已经拥有七家工厂、三个分公司，拥有超亿元的固定资产。2002年，天守企业的工业产值超过亿元，跨入晋江工业产值超亿元的"明星企业"行列。天守企业旗下的厦门市天鸿盛发贸易有限公司，2001年度出口创汇比上一年度增长百分之六百八十，比增位居厦门经济特区第三名，得到国家外经贸部的特别表彰。2002年5月，蔡天守当选为福建省国际商会副会长，之后，他又当选为福建省服装服饰行业协会副会长。2003年5月，他获得泉州市委市政府授予的泉州市"劳动模范"称号，之后，又成为全国商务系统劳动模范和全国劳动模范。

2002年3月16日至4月4日，时任国务院副总理吴仪率团访问伊朗、黎巴嫩、阿曼、阿联酋、巴林和沙特等六个国家，鉴于天守企业在出口创汇中的业绩，请蔡天守作为中国商界代表团成员随同出国访问，他在阿联酋参加了"加沙中国投资贸易洽谈会"，受到时任阿联酋总统、总理的亲切接见。天守企业机构进入迅速发展的快车道。

"树根与虫子"的辩证法

奇人不一定有奇相，但奇人一定有奇特的习惯。蔡天守有一个特别的习惯，每年年底他都要闭关三天，在这三天内，他会屏蔽手机，关闭一切通讯联系，在几乎与世间隔绝的环境中静坐，冥想，觉悟，全面反思这一年来的企业决策与实践，三省自身的行为，重新发现自己。

2003年过后，蔡天守照常闭关三天。这一次闭关，他酝酿并提出"树根与虫子"理论。

2003年，天守企业机构停止铺摊子。那年，国际的金融危机已缓过气来，中国的发展依然带着强劲的气势，但这气势随着中西部的大开发与内陆城市的迅速发展而转移，沿海地区的经济发展到了应该转型的时候，劳动密集型制造业的优势正在逐年减弱，"民工荒"苗头出现。原本以密集劳动赢得先机的天守服装产业此时不仅遇上人力成本升高的问题，更要面对国际市场的变动。人民币升值，欧美各国对中国纺织品设限，这些问题使天守企业纺织品的出口变得异常艰难。蔡天守回忆起当年的情景时说："工厂太多，外来工减少，工人不好招。更糟糕的是出口产品的利润大幅降低，而且有的工厂的产品已不适应市场的需求。"面对着双重的夹击与窘迫，这年闭关之后，蔡天守向全体干部员工提出"树根与虫子"理论。

2004年3月，闭关后的蔡天守召集董事会，像每年一样，就新的一年集团的建设与发展进行顶层设计，提出发展的方向与方略。在这次董事会上，他向董事会成员说明："我闭关时想到一个

55

天守企业机构晋江总部园区

天守企业机构晋江总部大楼

'树根与虫子'理论。我们企业好比是一棵大树，大树有错综复杂的树根，这树根就像我们企业下面的子公司与各种工厂。在企业这棵大树茁壮成长的过程中，我们经常会忽视一个问题，那就是有的树根已经长虫生病了。这时，如果不把长虫子生病的树根砍掉，那就会影响整棵大树的安危。天守企业发展到今天，势必也会有这样的'树根'，我们要找出它们，将它们砍掉，有所取舍，才能有所发展。对此，需要我们董事会拿得起，放得下，不怕疼痛，也只有彻底清除企业这棵大树中长虫子的那些根，集中精力为健康的树根施肥，浇灌，我们这棵大树才能成为参天大树，才能抵御各种暴风骤雨，抗拒风险。"

这样从经验与敏锐洞察中得出的理论，对于当年以铺摊子为主要发展手段的民营企业来讲，实在难得。与此同时，对处理企业这棵大树的健康与生病的关系，蔡天守提出与之相匹配的方法——企业发展的"加减法"。

壮士断腕促转型

对于蔡天守这样的企业家来说，重要的是行动，而不是理论。"树根与虫子"的理论提出后，天守企业最关键的问题便是考察审视哪些工厂、哪些下属公司是有虫子的树根，哪些是需要施肥、浇灌，使之茁壮成长的根系，以便进行"加减法"改革。这个听起来很简单的道理，落实在行动上是很艰难的，它需要全面了解国际国内市场，需要把握企业的全盘与有信心，需要决策者高瞻远瞩，能准确判断市场，需要蔡天守这个当家人有远见，有与时俱进的精神，有足够的实行"加减"的魄力与智慧。世界在动荡，

市场瞬息万变，有要"加"的，有要"减"的，这既是去芜存菁的过程，也是让自己在激烈的市场中立于不败之地的举动，该"加"的就得用力"加"，该"减"的就要毫不留情地"减"。但此时的天守企业，刚刚跨入东石镇明星企业的行列，正向着集团企业踏步前进，蓬蓬勃勃，蒸蒸日上，如何做"加减"法，尤其是如何"减法"，这是蔡天守的难题。

但蔡天守还是行动了，他瞄准自己的本业、主业——服装产业，但根据晋江服装业激烈竞争的发展情况与天守企业的实际，他将主攻方向转移到服装面料的生产上。

进入二十一世纪，晋江服装业与鞋业的重大变化是品牌意识增强，2000年悉尼奥运会前后，安踏大胆开创"体育明星+央视"的品牌推广模式，安踏鞋业的品牌一炮打响，晋江服装业的利郎、七匹狼、劲霸等也在这个时期投入大量资金创品牌，开展品牌战略。安踏当年在中央电视台一年的广告费就超过安踏公司是年的利润，但这种品牌广告策略却为安踏之后的发展创造了无以估量的价值。天守企业实力不如安踏，不能像安踏那样投入大量资金创品牌，但蔡天守抓住品牌竞争之后的服装发展态势，将企业的重心放在品牌效应发生后大量服装材料的需求上。人造革厂就是蔡天守要做"加法"的企业。

天守人造革厂是天守企业1997年新建的工厂，这个厂依托先进的制革流水线以及后道程序的印花、水洗工艺，产品的各项指标参数都能达到甚至超过国际同类产品的标准，拥有极强的市场竞争力。着眼未来，不论是国内市场还是国际市场，人造革需求空间越来越广阔，市场需求有增无减，前景看好。看准这一项目后，天守企业大力扩充人造革厂，将两条生产线扩大到十五条生产线，极大地提高天守人造革的生产效益，率先占领国内国际的人造革市场，这也就为后来天守集团建设中国最大的鞋用超纤合成革生产基地打下良好的基础。

企业的"加法"中，也包括应对新趋势，兴办新企业，包括房地产开发。2003年，泉州天守房地产开发有限公司成立，成立之时，正是房地产处于两难时期，一方面是房地产依然处在利大利快时期，一方面是政府实行宏观调控，各地区制订买房卖房政策，这些促进投资者进行新的思考，促进房地产开发进行调整。天守房地产有限公司成立时，蔡天守就有自己的一套看法。他说："任何事物都有周期性的兴衰，盛久必衰，衰久必盛，这不仅是自然界的规律，也是社会的规律，市场的规律、经济的规律、商业的规律也是这样。"蔡天守判断："随着福建经济的持续向好，房地产的潜力还会逐步释放出来。选择在房地产低潮时投资进入，往往能抓住时机，更容易获利。"但在为房地产做"加法"时，与众多地产商不同的是，蔡天守非常谨慎，投资非常克制，努力避开资金断裂的泥潭，将目光主要投向县城一级地方，侧重于开发投资规模不大、销售风险较小而潜在前景较好的商品房，采取由县城向城市扩展的迂回战术。

"加法"还比较好做，"减法"就难做多了。从服装业拓展到拥有七家工厂三家公司的天守企业机构，这之间增加出来的企业都有其存在的缘由与基础，都是天守企业自己的孩子，如今这些孩子才三岁五岁，已经花了本钱心血，有的还长得有模有样，却要"减"掉，这痛苦类似脱皮。但人间有情市场无情，企业不是孩子，企业要经得起市场的考验与考试，那些市场上的败将、整体发展中的拖累因素要忍痛割爱。从2003年开始，蔡天守就以壮

士断腕的气魄，经过充分酝酿与论证，果断地砍掉四个产品低端、前景不好的工厂，包括1998年才建成的天守喷胶棉厂、天守针织厂，做"减法"的代价是投资这些工厂的几千万元打水漂。建喷胶棉厂时，以一千四百万元巨资从日本购买了两条生产线，这家工厂被"减"掉时，这两条生产线仅以四十万元的价格转手。亏掉许多资金而砍掉工厂的做法，最初有不少员工不能理解："人说杀头生意有人做，亏本生意无人做，怎么蔡天守偏偏要贱卖设备，关闭开张的厂房。"蔡天守的传奇之处，也就在这里，他虽然读书不多，但他能在实践中以虚心地学习把握市场经济运转的脉搏，能比别人更敏锐地把握经济发展、企业壮大那些书本上读不到的道道。

以断腕的魄力淘汰那些已经落后的技术，关闭那些效益低、欠账多、没有潜力与前景的企业，这是蔡天守壮大实业、发展天守集团所下的重要一步棋，这一步，将在天守集团之后的飞跃发展中显示出威力与魅力。

调结构，促发展，天守集团从数量和规模的竞争转向质量管理、人才与科技的企业内涵竞争，产业结构经过调整之后，天守集团很快迎来一次更大更高的飞跃。

第二篇

敢教日月换新天

我从哪里来？我到哪里去？"富起来"的中国人要怎么继续前面的路？蔡天守用他二十三年的村党支部书记生涯回答了这两个问题。

　　2011年，在纪念中国共产党建党九十周年之际，中共中央表彰了全国先进基层党组织、全国优秀共产党员、全国优秀党务工作者，"全国建设新农村十大引领人物"蔡天守以"全国优秀党务工作者"的身份走上人民大会堂的红地毯。

　　蔡天守说："我人生只有两个梦想，甚至比我的生命更重要。第一个梦想就是带领我们梅塘村人民群众共同致富，第二个梦想是我要为社会做更大贡献。"

第四章
"乡愁"：从小小的邮票到博大的雄心

从小的一个梦想

"乡愁"是一枚小小的邮票，当蔡天守还是少年的时候，他的"乡愁"是对故乡的贫穷的忧愁；当他要娶媳妇成家立业的时候，"乡愁"是故乡被人瞧不起的羞耻，老丈人那句"宁愿女儿当尼姑，也不愿嫁前埔"的推脱之语，也是晋江一带百姓挂在嘴上的话，深深刺痛了蔡天守的心，也激起蔡天守改变故乡一穷二白面貌的决心。

蔡天守的故乡梅塘，又名前埔，其历史可追溯到南宋理宗时。据传，梅塘邻村的型厝村颜姓出了个尚书，于是在上南坡建了座尚书第，坐北朝南。其正对面有一平缓坡地，因位于尚书第前，故称"前山"，闽南人将小山坡叫作"埔"，所以"前山"也叫"前埔"。尚书在前埔坡地建造园林，称"花园""小姐园"，因园内广植梅树，自号"默林"，坡地的东北角辟有一个大水塘，取名"梅塘"。梅塘与前埔之名，由此而来。

梅塘村位于晋江东石镇东南六公里，村占地一千八百零二亩，人口近两千，地处东南沿海丘陵地带，百姓世代以垦荒农耕与走贩海货为生。在农业为主的时代，其地处丘陵，又临海，盐碱地居多，不宜栽种水稻，五谷并不丰登，主要食粮是地瓜、菜脯。

那时，晋江人的生活来源很大一部分来自海外华侨的汇款，家中有人在海外，生活还好过些，只有七个海外华侨的梅塘村成了出名的贫困村。穿百补衣服，住漏雨屋宅，男人外出打短工养家糊口，女的挑担走街串巷叫贩聊补无米之炊，有人则流浪乞讨过日子。中华人民共和国成立后，经历过土地改革、合作社、人民公社，梅塘村兴修水利，改造农田，农业有了历史上最好的收成，生活有了很大改善。但梅塘村毕竟是以红土为主的村落，庄稼收成很有限，梅塘溪的上游人家又大肆开采石矿，大量石粉顺流而下，污染了大片农田，毁坏了水利设施，村民重新回到薄田寡产的窘境，梅塘村又陷入困顿，直到二十世纪八十年代，梅塘村的人均年收入不足千元，村民生活困苦，成了政府救济的对象。救济虽然有助于缓解贫困，是政府接济贫困的方法，但并不能彻底改变村庄的命运。在晋江，村庄需要靠救济来维持的时候，这个村庄会有居人之下的耻辱。晋江人有句闽南语口头禅"输人嗯输阵，输阵番薯面"，番薯就是地瓜，地瓜是最容易成活的农作物，在很长的一段时间里，地瓜（番薯）在闽南人心中意味着粗俗、低下、没名堂，在缺少稻米的晋江，番薯的地位很低。这句闽南语口头禅的意思是：如果是一"阵"的人（一群人）整体输给人家，那这"阵"人（这群人）就没脸面跟人家比肩而立了。这是晋江人的普遍心态，这种心态背后是晋江人什么都不服输什么都不能输的精神状态。因此，蔡天守求亲时老丈人说的"我女儿宁可当尼姑，也不能嫁前埔"，让他记住一辈子。这句话，成了蔡天守心里的痛，成了他永远记住的耻辱，也化作蔡天守敢叫家乡日月换新天的决心。

最重视的身份：梅塘村党支部书记

1993年，天守企业已经达到一定规模，建在家乡梅塘的天守服装厂机器隆隆，产业方兴未艾，村里的许多村民都成了天守企业的职工，蔡天守时常从企业拿出钱，资助村里的建设与父老乡亲们的日常生活。蔡天守的家，成为梅塘村村民聚会之地。那时，梅塘村只有蔡天守家一部电话，那是蔡天守花一万八千多元从邻村的英林镇拉来程控电话线安装的，他用这部固定电话联络省内外的商家，村委会干部与村民有事要与外面联系，便都到蔡天守家打电话；那时，蔡天守还是村里唯一拥有小车的人，这个全村最早拥有雅马哈摩托车的人，服装厂做大之后，便买了一辆北京吉普跑东跑西。这样，梅塘村遇到较重要的迎来送往场合，像欢送参军的小伙子或者接送下乡来的县里镇里的干部，都会请蔡天守开车迎送。久而久之，蔡天守家便成为梅塘村的信息中心，人们养成有事无事就到蔡天守家走走坐坐的习惯。

闽南村庄大多由前世具有血缘关系的人聚集而成，这里有一种地方俗情，村里辈分最高的人拥有最高的威信，人们尊称他为"村佬大"。"村佬大"的家是人们常去的地方，人们在这样的家里喝茶聊天，也谈谈天下的变化村庄的发展，通过这样的中心建构起村庄有形无形的规范约定。梅塘村人喜欢到蔡天守家汇聚，这也就意味着蔡天守成为梅塘村辈分不是最高但有实际意义的"村佬大"。作为梅塘村第一个富起来的人，蔡天守在村民中的威望越来越高。越是这样，蔡天守的心里越是堵着一块石头，"宁愿当尼姑，也不愿嫁前埔"这句话成了他的心病。既然乡亲们如

65

此看重他厚爱他，改变家乡面貌，摆脱"宁愿当尼姑，也不愿嫁前埔"的耻辱，成了蔡天守最关心的问题，让村里的父老乡亲走富裕的道路，成了让蔡天守夜不能寐的问题。就在这时，梅塘村的党支部书记走进蔡天守的家门。

梅塘村的党支部书记蔡昌场是梅塘的老村干部，他经历过人民公社化与改革开放。面对着改革开放以来农村日新月异的变化与自己领导的村庄的落后情景，想到自己年纪已大难以担负让村庄改天换地的责任，他思考着压在身上的担子由谁来挑的问题。经过长期的观察与接触，蔡昌场一次又一次地走进蔡天守的家，一次次与蔡天守接触，他越来越清楚，将自己肩上的担子移交到这位年轻人身上，是可以放心的，因为这个受过苦难的梅塘年轻人已经用创业的成绩展示了能力，梅塘村的人服他。更重要的是，这个年轻人心怀着强烈的改变家乡面貌的愿望，有敢叫日月换新天的信心与意志。他很清楚，这个年轻人心里深受"宁愿当尼姑，不愿嫁前埔"这一欺辱的刺激，他会凭着闽南汉子所特有的"爱拼会赢"的精神和力量，带领村民走上富裕之路。

经过几次到家造访，蔡天守在老支书的介绍下，于1994年5月光荣地加入中国共产党。加入中国共产党的那一天，蔡天守就发誓要让家乡来个翻天覆地的变化，要带着村民走上富裕的道路。1995年，经过一年的考验，蔡天守成为正式的中共党员，被镇党委任命为梅塘村党支部分管工业的副书记，负责梅塘村的工业建设与发展。1996年新年刚过，天守企业又有了新的发展，他和台商合作设立天守植绒厂，专门为晋江和全国的服装生产提供植绒面料，市场前景很好，此时的蔡天守必须四方抓商机，跑销路，奔赴大江南北开拓市场。

这年三月，老支书再次登门造访，老支书要他参加村党支部书记的选举。老支书说："你不是想转变'宁愿当尼姑，不愿嫁前埔'的面貌吗？你只有参加支部书记选举，只有当上支部书记，才能更好更快地实现自己的愿望。"老支书懂得，梅塘村要改变，乡村要振兴，带头人的作用尤为重要，他知道蔡天守就是梅塘振兴的"领头雁"。老支书的话蔡天守听进去了，但与他含辛茹苦、一起奋斗多年的妻子却反对了。想想企业正在拓展之中，企业正需要蔡天守鼓足干劲跨前一步，他怎么能在这时去参加村庄的党支书选举？就在这个时期，那些与蔡天守一样从穷困中拼搏出来的晋江的企业家朋友，正一个个跨上发展的第二个台阶，走上挂牌上市、现代集团化经营道路。妻子的反对完全在常理之中，她极力劝告丈夫："梅塘太穷了，要改变这个鬼地方不容易。你还是专心办好自己的企业，企业壮大了，你可以多捐钱支援村里，这总比你接手一个烂摊子要好多了。"但以捐款的形式来报答家乡，并不能解决梅塘的根本问题，"授人以鱼不如授人以渔"，蔡天守要从根本上改变村庄一穷二白的面貌，他说："我曾经有过乞丐流浪的生活，知道苦的滋味不好受，我不想父老乡亲还这样穷苦下去。"他向妻子袒露了埋在自己心底的心愿："我从小就有一个梦想，如果有一天富裕了，我就要带着父老乡亲共同致富。"带着乡亲们走出共同富裕的道路，这才是蔡天守心里的梦想。他毅然决然地参加了1996年中共梅塘村党支部书记的选举，以全票当选中共梅塘村党支部书记。

这个支部书记的职务，蔡天守一干就是二十三年，也正是在这二十三年里，蔡天守将那个有女不愿嫁的穷困村庄改变成中国改革开放中的社会主义新农村，建设成泉州市、福建省乃至全国乡村振兴的榜样村。当蔡天守成为新闻媒体经常报道的人物时，有记者问起蔡天守各种各样的荣誉与头衔，蔡天守说："我最重要也最看重的是梅塘村支部书记这个身份。"因为，在二十三年梅塘村支部书记的旅程上，蔡天守实现他从少年开始就做上的梦：改变梅塘，振兴家乡，共同致富奔小康。这二十三年间，蔡天守带领乡亲们艰苦奋斗，书写了一个乡村振兴的生动故事。

改变梅塘命运的第一榔头

1996年11月，三十三岁的蔡天守走马上任，正式走上梅塘村党支部书记的岗位，将自己的命运与家乡的振兴紧紧地捆绑在一起。这位在市场经济浪潮中崭露头角的晋江人，用高薪聘请职业经理人团队管理企业，自己则全身心地投入振兴梅塘的奋斗中。

困难比他预想的要严重。1996年，外面的世界已经很热闹，邓小平南方谈话后，改革开放的浪潮汹涌澎湃，不仅沿海十四个开放城市市场经济大潮翻滚，就是中西部地区也春潮涌动，改革开放的行动云蒸霞蔚，经济体制改革与市场的活跃振奋人心，中国社会主义新农村建设的规划与实践也浮出水面。但在梅塘这个晋江少有的穷乡村，除了蔡天守的企业外，人们还看不到太多的时代变动。此时，人们把梅塘称作"石头村"，用这"称呼"并不是因为梅塘石头资源丰富，而是以石头比喻梅塘不动弹，没有变化。虽然也受改革开放的大潮冲击，梅塘村曾集资办过以生产汽车螺丝为主的汽车配件厂，但终究竞争不过晋江众多的配件厂而倒闭，梅塘也一度追着服装潮流办过几家服装作坊，却因为跟在人家后面而发展不起来，最后也倒闭了。在晋江的许多村庄都向着人均年收入万元的目标奔跑的时候，梅塘村人均年收入还不足千元；村里通向外面世界的道路，依然是那条下了雨便泥泞满地的泥土路。蔡天守接任支部书记的时候，发现村党支部与村委会都没有固定的办公地点，没有什么财产，开会或商讨事情就在祖祠；村庄的财政不仅没有分文积蓄，还负债八万多元，为了还村里的债务，村两委（党支委与村支委）每人每月补贴的三十元人民币也已经拖欠三年之久，村里需要的办公用的便笺、纸张、笔什么的，连村民开的小杂货店都不给赊账，担心赊了账讨不回钱。面对着这穷困尴尬的局面，蔡天守只得苦笑叹气，他实在没有想到自己接的是这么个摊子。但晋江人特有的"爱拼会赢"的精神，却又让他生发出特别的兴奋感，"一张白纸，没有负担，能画出最新最美的图画"，面对一穷二白的故乡，他更可以施展才干，画出最新最美的图画，他豁出去了，为了那个从小要让故乡换新颜的梦想。

蔡天守从家里拿出八万元钱，用自己的八万元钱还了村里的赊账，同时将三年拖欠下的干部补贴分文不短地补给每个村干部。他知道信用是生意场上的生命，也是一个领导班子的威信所在，没有诚信的领导班子，是赢不得村民的信任的。

新官上任三把火，还清村财政的一切债务后，蔡天守迈出"搭班子，定战略，带队伍，搞经济"的振兴步伐。

经过层层选拔和考察，梅塘村组建起以蔡天守为书记，以蔡宝康、蔡桂枝、蔡昌彬为支委的村支部；还成立以蔡滩水为主任，以蔡德辉、蔡庆祥、蔡勤俭、蔡联合为村委的村委会。这个新班子的最大特点是年轻，平均年龄不到二十九岁，比上一个班子整

梅塘村原来的破旧村容

整年轻三十岁。蔡天守从在市场上摸爬滚打的经验中得出，这是一个历史变革的新时期，农村要改变面貌，梅塘要有全新的发展，必须要有新思维，要有新意识，要敢于创新，敢于闯荡新的市场经济。他对新班子成员说："我们每个人都要有新思想，有新思想才能有梦想，有梦想才会去追求，有追求才有可能实现，实现了才有价值。"

此时，蔡天守自己已经拥有亿万的资产，村支部书记与农民企业家两个身份集于一身的他，在此之前，更多的心思花在企业上，但他常常回村里看看走走，一个月中至少五趟回梅塘，毕竟梅塘一直是他心中的牵挂。当上支部书记后，他向班子成员与乡亲们承诺，每月至少要有二十天待在村里，他说："不在村里，就是在梅塘服装厂或家里，群众可以直接找我。"他要求新班子的成员要有两个坚持：坚持党组织带领人民群众，追求共同富裕；坚持把村民的利益放在第一位，要"一心一意求发展，尽职尽责谋福利"。

一心一意，尽职尽责，把村民的利益放在第一位，这就要急村民之所急，而村民当年最急最焦虑的事便是摆脱贫穷，梅塘村人穷得响叮当，在家生活艰难，出门也没有脸面见人，这让梅塘呈现衰败空心的景象，人们对于振兴自己的乡村并非信心十足、意气风发。蔡天守意识到，改变现状不是一朝一夕的事情，但新班子一定要有实际行动，让村民们看到曙光看到希望。乡村振兴关键在人，须先振兴人心和人气，乡村才有发展的动力，有了人气，振兴就有了基础。凡是繁荣发展的乡村，都有一批有理想有担当的新型农民带头。

有人带头，但要让所有村民振奋起来，蔡天守知道，关键是

71

要改变他们穷得响叮当的现状。

梅塘村贫穷的重要原因便是土地贫瘠，一村"赤土埔"，不能栽种庄稼的红色土壤占了村庄土地的大部分。恰恰是这些红土壤，蕴藏着矿产资源。在蔡天守担任支部书记前，有些头脑机灵的村民打"赤土埔"的主意，在"赤土埔"上乱挖乱掘，虽然采到一些矿石，赚了一些钱，整个村庄的土地却被挖得千疮百孔。

蔡天守看到这种乱象，意识到集体资源不能任由村民私自乱砍乱采，需统一管理，他对班子成员说："村集体就如同企业，我们要像管企业那样管理村庄，将集体资源管起来，探索集体经济的发展路子，这才能让梅塘富起来。"蔡天守这番话引起班子其他成员的共鸣，村民私自占据土地、私自乱采地下矿藏的行为早就引起不少人的抱怨，只是觉得大家是乡里乡亲，不好意思站出来反对，生怕得罪人，现在蔡天守站出来要解决这个问题，即刻得到新班子成员的呼应，梅塘村两委很快统一认识，集体资源不能再分散，不能再由一些人为所欲为。

统一认识的梅塘村两委会，除农民承包的庄稼地外，硬是"顶破头皮"把原来四个生产队所有的五百五十亩土地统一整合起来，将分散出去的集体土地收归集体所有，之后按土地资源的特点，有原则、有计划、有区别地进行市场化开发，村民可以入股土地开发。蕴藏矿产的"赤土埔"由村庄组织招标、管理、开采，选择一家有采矿专业资质的企业进行开采；非农田的杂地租给中小企业建工场、厂房，农田则用于耕作。蔡天守将原本没人管、随意处置的集体资源有效地利用起来，激发村集体资源的潜力，这个举动，是多年以后集体产权改革的重要内容，蔡天守无意间做了一回集体产权改革的先行者，富有前瞻眼光。

村集体统一管理开采矿石

　　新班子成立的第一年，村财政立刻改变囊中羞涩的情况，梅塘村从此有了稳定的集体财政收入。这一年，蔡天守将集体收入一分为二，一份用于准备展开的新农村建设，一份则成为村民们的分红，人人有份，不分贫穷富有，梅塘村村民们多年来第一次从集体手中拿到红利，心里那种高兴劲不言而喻。多年以后，八十岁的村民蔡昌富依然对分到红利时的情景记忆犹新，他对采访的记者说："那可是村里头一回发给村民的第一笔大钱，大家的第一感觉就是这个新上任的村书记很有头脑，竟然能在赤土埔中挖出金来。以后可以跟他干。"

　　蔡天守改变家乡的第一榔头奏效了，在他的感染与带领下，梅塘村开始呈现朝气，晋江人的敢拼敢赢、开拓进取的形象与姿态，终究要在敢叫乡村换新天的行动中显现出来。

第五章

振兴故乡的旅程

三年打下振兴农村的基础

蔡天守就任村支书后的第一榔头是激发梅塘村穷则思变的潜力，看到希望后，村民们重新关注起村庄的前景，用梅塘村人的话说，"梅塘村人又活过来了"。蔡天守注意到这个变化，他抓住这个机遇，征求村民改变乡村的意向，广泛举行征求意见活动，他向每一个村民抛出问题："你觉得梅塘村最需要最急需的建设项目是什么？"问题是简单的，因为"晋江人个个猛"，改革开放这么多年，村民们再怎么封闭，都走南闯北过，也见过和自己一样的晋江人怎么打拼打开新的天地，怎么从贫穷走向富裕，每个人心中都会有自己的打算，只要动动脑子便会有答案。问题又是复杂的，梅塘村自中华人民共和国成立以来就是靠政府的救济生存发展的贫困村，怎么摆脱现状走上新的发展之路，每个梅塘人心中又都没谱，何况当时的晋江，民营企业家雨后春笋般地涌现，但乡村的改造与振兴，并不引人关注。要让一个村庄富强起来，先建设什么，什么才是乡村建设最需要的，也没有先例，制定集体规划，就像闽南话说的"十嘴九屁股"，众口难调，意见难以一致。面对这样的实际情况，蔡天守让村民做选择题，把建设梅塘社会主义新农村如何起步的问题抛给全体村民。他先召开村民

代表大会、全体党员大会，征求村民与党员关于家乡建设的看法与意见，让大家畅所欲言。然后由村两委根据群众意见整理出建设方案与项目，全部打印出来，印成"家庭倡议书"，交给每位村民，让每个村民在最需要最急需的建设项目上打钩选择。为了让全体村民都参与这项活动，蔡天守特地到村里的幼儿园和小学，让孩子们放学时带着"家庭倡议书"回家交给家长，要求家长完成好这份作业。

一周之后，全村四百多户村民一个个将答卷交到村委会，"卷子"收齐后，村党支部与村委会根据村民的意见，确定建设项目的轻重缓急，开会列出村民们认为近三年最重要最需要的建设项目。之后，蔡天守打开梅塘村的祖祠，召开村民代表会议，郑重其事地对村两委会的建设意见进行表决。如此一来，梅塘村的新农村建设的起步项目在村民百分百参与下选定，这些由村民与村两委共同确定的建设项目总共有十三项：

前埔小学教学楼

老年活动中心

安息堂

村民休闲公园

一个戏台和一个灯光篮球场

梅塘村菜市场

环村水泥路

村委会办公楼

八个冲水公厕

两座溪桥

一条农田耕地水泥路

梅塘村旧时的破落村容

规划开采石矿业

明确村庄的用地界线

有史以来，梅塘村的村民们第一次体验到当家做主人的主人翁感受，他们看到的，是一份自己建议的、精准的、惠及所有村民的家乡三年建设发展计划。梅塘村人活跃振奋起来了，他们从这份三年计划中看到村庄的希望。

此时的蔡天守却异常冷静，他知道，自己接手的是一穷二白的摊子，要很快改变原有的面貌并不容易。但现在村民干劲上来了，劲只能鼓不能懈，首先是村干部们不能有任何松懈的苗头，更重要的是要让群众看到实际行动，看到自己提出来的家乡建设计划能一步步地成为现实，梦想成真，这是每个人心中的愿望。于是，蔡天守召开大会，宣布十三个建设项目为梅塘的基础工程，下了个三年完成基础工程的死决心，提出"三年打基础，十年展新颜"梅塘新农村规划，让村民们看到希望与信心。

乡情与一百万元的感召力

期限有了，决心有了，村民信服了，最关键的是将蓝图化作行动与结果。

振兴乡村，首先就得改变乡村落后的基础设施，修路、改善水电和通讯设施，改变生活环境，这也是十三个建设项目中的重头戏。但一切都需要钱，需要建设资金，需要蔡天守带着梅塘人去闯出一条路子。蔡天守说："当时梅塘村真穷啊！当了村支书，我整天就想，要发展就得有钱，可是村庄这么穷，采矿的钱用以分红后所剩无几，短时间内要怎么解决梅塘建设的资金问题？"

但叫苦叫破嗓子，还不如做出样子。像那个时代的所有晋江人一样，当家乡的人们遇到困难的时候，他们会想起华侨，想到那些在异邦的土地上经过艰辛奋斗而让家乡人刮目相看的乡亲。蔡天守也想到梅塘的华侨，尽管梅塘是晋江这块侨乡中华侨最少的村庄，但仔细一查，也还有那么七位梅塘人在美国、加拿大、新加坡等国家生活。蔡天守自己掏钱，走访了在美国、加拿大、新加坡、香港等地的异国乡亲，以自己的名义邀请梅塘的七位华侨到香港举行梅塘恳亲会。

1996年春节前，借着给异邦土地上的乡亲拜年的机会，梅塘村的第一次华侨恳亲会在香港举行，蔡天守自己掏钱买了一批当年很时尚的931铁观音茶，带到香港给参加恳亲会的梅塘华侨。因为是故乡举行的第一次恳亲会，七位华侨与亲属都出席了。在恳亲会上，蔡天守给海外乡亲介绍了梅塘村未来的发展规划，他将心中"三年打基础，十年展新颜"的梅塘蓝图实实在在地展现给海外乡亲，又将梅塘资金捉襟见肘的底子实实在在地透露给异邦的亲人。面对着海外梅塘人，蔡天守用家乡的腔家乡的话家乡的情感请求海外亲人们支持村庄的建设，共同改变梅塘村的落后面貌。海外的亲人们为之感动了，"乡愁"这枚"小小的邮票"联系起梅塘村人的共同血脉。蔡天守继续动情地说着，他向海外乡亲袒露了自己当梅塘党支部书记的初心："我从小就有一个梦想，如果有一天富裕了，我就要改变梅塘贫穷落后的面貌，带着父老乡亲们摆脱贫困，共同富裕。我现在每个月至少有二十天都待在梅塘，已经高薪聘请了职业经理人来管理我的企业。在我的心中，改变梅塘的贫困落后，比我的企业还重要。"

一番慷慨陈词，将梅塘的海外亲人说得个个点头称赞。蔡天

守于是又添了一把柴，"各位乡亲长辈，你们在异国他乡打拼奋斗，如果有了财富积累，不捐款支持家乡建设，说实在话，你们就是傻瓜。当然，如果你们没有赚到钱，还想捐款出人头地，那更是傻瓜。"其实蔡天守心里非常清楚，出席恳亲会的华侨个个都是有一定财富积累的人，是成功人士，但一说起捐钱的事，梅塘的华侨乡亲都默不作声了。蔡天守见状，便先做表率，他当场表示："我从十三岁开始四处流浪打小工，扛石头，搬大米卖大米，什么苦都吃过，才有今天的一点点成绩，我也不是个富翁。但我今天就当着大家的面表示，我捐资一百万元来支持梅塘的建设，我们一定要先从村庄的基础设施做起，打好新梅塘建设这一仗。"蔡天守这一斩钉截铁的行动，把到场的梅塘村华侨感动了，蔡天守抓住机会猛追猛攻，推出按项目捐资的办法。他说："诸位乡亲，你们最好对标十三项基础项目，根据自己的意愿选择捐资建设的项目，这样，建设完成后我们更好对标记载大家各自的功劳。"以情以理，以真诚以诚恳，蔡天守的海外之行获得意想不到的成功。十三个项目的认捐很快就有了眉目，尤其是那些关乎水电、老人生活、孩子教育的项目，海外华侨的认捐更为踊跃。

功夫不负有心人，蔡天守通过海外走访与香港恳亲，同时发动村两委班子成员和群众捐资，争取上级各部门的支持，多方共同集资一千五百八十七万元作为基础建设资金。

从民生最紧要的地方开始

蔡天守是办企业的人，他讲究实干实效，他的人生经历是一个想到做到、说到做到的旅程。从香港回到梅塘，尽管华侨认捐的钱尚未到位，蔡天守就拉开梅塘村基础建设的帷幕。他组织村两委会委员成立了几个负责小组，每个小组负责一个认捐项目，蔡天守对两委会委员说："将计划写在纸上是没用的，我们不仅要想到、说到，更要做到，而且要快速推动项目进展，做最有效的事。"

梅塘最先启动的基础建设是环村水泥路、梅塘村菜市场和村委会办公大楼。梅塘的环村道路，雨天是泥泞，晴天是尘埃，将这条环村泥土路改造成环村水泥路，这是梅塘村民和外来工、外来生意人最关切的事，它被当成梅塘最先动工的建设项目，这个项目的捐款来自蔡天守本人与旅居加拿大华侨蔡开封、蔡祥嘉。建设梅塘村菜市场不仅与梅塘村民的一日三餐紧密相关，也是开拓村民市场经济渠道、扩大梅塘村与外面世界交流合作的平台，这个项目的建设由旅港的梅塘乡侨蔡昌日捐资负责。蔡天守一边让工程先动起来，一边发电报打电话给捐资者："工程已经启动，这一动就得花钱，还请将捐资赶快转到村里。"这一招倒起了作用，海外侨乡听说工程已经启动，知道这次是动真格了，纷纷将认捐的钱转回家乡，支持家乡旧貌换新颜。

村委会大楼也是蔡天守安排先行建设的工程。蔡天守是做企业出身的，他觉得现代企业管理的很多做法与经验可以用在村庄管理上，这先得解决村两委的办公场所问题，没有办公场所，村两委成员的职责很难细化，各职能部门的工作很难开展，很难进行交流与形成共识，更重要的是，村委会没有办公场所，这会给村民带来很大不便。在蔡天守担任书记之前，梅塘村的两委没有办公场所，干部会议都是在祖祠召开，村民打个证明反映个问题什么的，得漫山遍野地找村干部，有了问题要反映要村里处理解

决，也都盼着村领导有个方便的时间方便的地点，至于村里集体讨论村庄的问题，那就更需要一个开会商讨的场所。蔡天守深切地感到村里没有办公场所的痛苦，在香港的恳亲会上，他就向华侨乡亲推荐这个项目，新加坡乡侨蔡克网热心捐建，当场承诺捐资三十五万元建设梅塘村委会大楼。但大楼工程启动时，项目的捐资还未到位。蔡天守是个急性子，他做事的风格是只争朝夕。那时改旱厕为公厕，他便是火急火燎地先垫钱改建起来的。那时的梅塘村各家各户都有自己的旱厕，零散地裸露在村庄各个角落，共有两百多个。为了改变不卫生的落后面貌，蔡天守就先出资填平全村所有的旱厕。这次建村委会大楼，他也是风风火火的，捐款未到建设先行，先用自己的钱启动建设。这个举动让他夫人很是担心，她生气地责怪蔡天守："人家的钱都还没到位，你就急着动工，还把自己的钱掏出来，到时候如果人家改变主意不出这个钱，那我们怎么办？"蔡天守却不以为然，他胸有成竹地对夫人说，"你不懂，如果你也懂我就不会做村书记了。克网答应我了，我就得赶紧先动工，如果再拖几天，到时候他回到家跟家人一商量，反而会改变主意，那我们的村委会大楼就真的难建了。所以我必须要先动工，让蔡克网不能不完成他的承诺。"

不出蔡天守所料，三天后，蔡天守接到认捐村委会大楼的新加坡华侨蔡克网打来的电话，他想与蔡天守商量能否减少当时香港恳亲时承诺的捐资。原来蔡克网回到家与母亲商量，母亲告知他，他的父亲从来没有捐过这么多的钱，所以蔡克网动摇了。听到这个消息，蔡天守没有丝毫的慌乱，他对蔡克网说，"村委会大楼已经动工了，选址所在的生产队的仓库也已全部拆除，旱厕也都全部填平了，我自己已经先出钱做好了前期的准备工作。"

蔡克网一听这话，知道不如数捐资，是不行的，最后他回复蔡天守，还是按照当初承诺的三十五万元捐款。

捐款落实了，工程的建设如火如荼地进行着。村委会大楼的地点选在便利于村民来往的村庄中心，蔡天守将村委会大楼看成村庄的形象，不能太小，不能太一般，要有一定的规模，要"外气"，要能适应几十年上百年村庄的变化，如此前瞻的眼光，使村委会大楼的设计体现出超前的意识，但这也导致了建筑费用超过原本捐资款。在香港恳亲会上，当时蔡克网询问建设一栋村委会大楼需要多少资金，蔡天守回答大概三十万到四十万，于是蔡克网以三十五万元认捐了村委会大楼建设。但工程完成后，大楼建设最终共花费五十万元。蔡天守主动打电话向蔡克网解释，因为自己不是专业的工程师，只是凭着经验预估，预估的建筑款比实际费用少了十五万元。蔡克网一听，非常紧张："差这么多，那怎么办？"蔡天守笑笑地回答："不要紧，如果你不想多出这部分钱，那就由我来垫上，我来捐。只是村委会大楼的基石上刻的就不仅仅是新加坡乡亲蔡克网独资捐建，而要改成蔡克网和蔡天守合资捐建。"蔡克网一听，沉默思考了一会儿，连忙说道："不行不行，要写我独资捐建。"蔡天守"嘿嘿"一笑："要刻上你独资捐建，你就得再出钱补捐差额款。"就这样，村委会大楼的建设经费解决了。这事过后，蔡天守骄傲地对夫人说："我早就料定克网会按承诺办事的，过程虽然有点波折，但最终是不会误事的。"

村委会大楼建设时并非一帆风顺。大楼面积大，楼前还特意设计了村民集合开会的广场，以便集会、活动和公务停车，这就难免动及个别村民的原来建筑物。为了不损害其他村民的利益，蔡天守将村委会大楼地址选在挨近自己家的地方。蔡天守与哥哥

83

梅塘村委会大楼

蔡天月商量，把自己家的护廊拆除，给建村委会大楼前的广场腾地方，然而，蔡天月坚决不同意，为此僵持了一段时间，拖延了大楼的建设工期。此时，各个认捐项目的小组都已按原来的规划完成项目的前期拆除搬迁等准备工作，只有村委会大楼因为蔡天守家的护廊问题没有解决，而迟迟未能动工。想到自家的护廊拆除关系到新梅塘建设的三年打基础计划，蔡天守觉得自己就该态度明确地维护自己制定的计划。有一天，蔡天守就当着大家的面，抡起一长柄大锤，将自家的护廊砸开一个大洞，紧接着连续几大锤，把自家的护廊砸得"千疮百孔"，然后对着施工队喊道："就按图纸施工，谁都别拦着。"蔡天月闻讯赶到现场，大骂蔡天守忘祖背宗，祖宗留下来的基业要毁在他身上。施工现场，兄弟俩吵起架来，一个要护着自家的建筑，一个要为村里的大楼让路，都在理。村民们见这一情景，有劝哥哥的，有劝弟弟的，很多人都认为既然兄弟俩意见不一致，就先别开工，等兄弟俩意见一致后再定夺。蔡天守看了看围观的村民，就对蔡天月说："现在是全村的事要我们让那么一点地方，我们自己把它让出来，自己来砸开这个阻碍，我们不会漏气。如果我们自己不拆，等到由镇里派人来拆除我们的障碍，那时我们就丢脸了。"看着越来越多围观的村民，蔡天月傻了眼，哭也不是，笑也不是，他清楚弟弟要干的事谁都拦不住，面对着弟弟这一狠招，他也就认了。过后，蔡天守对人这样说："我不狠不行，大家看着我，三年打基础看着我呢。"

就这样，在蔡天守的身先士卒的带动下，梅塘原定三年完成的打基础建设，在梅塘人的尽心尽力奋斗中，于1998年年底提前实现。由于旅加拿大华侨蔡开封、蔡祥嘉和村书记蔡天守的捐建，

85

梅塘村委会办事大厅

梅塘村的泥泞土路换成环村的水泥硬化路，六条水泥乡村道路通达村庄；梅塘村的照明用电设施完善了，人们再也不用担心时不时断电；梅塘村的菜市场开始活跃，菜市场成了村人交换信息、交往的地方；梅塘村两委会有了自己的家，现代办公大楼矗立在梅塘，令村民们感到有了依靠；村民们开始聚拢在村委会大楼里、大楼外，议论梅塘的现在、过去与未来。新上任的书记向村民交出一份让人满意的答卷。

就在这个时刻，一个新的机遇又出现。

当新农村建设的先行者

二十世纪的最后几年，经过十年的改革开放实践，南方的经济社会发生翻天覆地的变化，农村的城镇化在南方城市的崛起中悄然而进，经济社会的发展和小康社会的全面推进，呼唤着社会主义新农村的到来。当中西部与内地还在吸纳农民进城务工的时候，中国沿海地区的农村正在酝酿一场巨大的变化，以新的形象迎接千禧年的到来。就在这个时候，泉州、晋江一带的民营经济高速高质量发展，掀起农村改旧建新的热潮。或许是因为从改革开放初期闯出来的泉州、晋江的民营企业家大多来自农村，他们改变家乡面貌的愿望极为强烈，所以，泉州、晋江一带的社会主义新农村建设风起云涌，快速推进，这一建设热潮的兴起，距离十六届五中全会正式提出建设社会主义新农村，还有六年时间。南方社会主义新农村建设，可以看作社会主义新农村建设的先行先试与改革实践。

1999年，泉州市委市政府本着率先实验与实践社会主义新农村建设的精神，向泉州全市发出"一百个旧村改造、新村建设示范村"的号召，通过以旧改新的农村建设实践，探索社会主义新农村的建设经验与途径，做农村改革发展的先行者。时任泉州市委书记何立峰亲任泉州旧村改造、新村建设领导小组组长。

"建设社会主义新农村"并不是新概念，自二十世纪五十年代以来，对于中国这个以农村经济为主的国家，曾在不同的历史时期多次使用过类似提法。因为在中国，农业丰则国家强，农民富则国家盛。而在改革开放的历史背景下，在迅速推进的中国现代化的历史进程中，建设社会主义新农村具有更为深远的意义和更加全面的要求。没有农村的小康，就没有全社会的小康，全面推进小康社会的建设目标就无法实现；没有农业的现代化，就没有国家的现代化，中国特色的社会主义现代化就是一句空话。在优先发展的沿海地区与东部，社会发展已经呈现以工促农、以城带乡的发展新局面，全面建设小康社会的重点难点在农村，问题已露端倪，国民经济的主导产业已由农业转变为非农产业，经济增长的动力主要来自非农产业之时，让农村发展跟上历史脚步，补上农村建设的短板，推进农村生产发展、生活宽裕、乡风文明、村容整洁、管理民主，建设美丽新农村，这需要有人"吃螃蟹"，有人去闯出一条路来。

在泉州市委发出改造旧村，建设新村的号召时，蔡天守立即找到晋江市委领导，他要求将市委改旧建新的试点放在梅塘村，他要做那个"吃螃蟹"、闯新路的人。梅塘虽然还是贫困村，却在蔡天守的领导下，刚刚提早完成三年打基础的工程，村庄的面貌正发生前所未有的变化，村民们的梦想正在成为现实。市委研究后，认为由原来贫困的村庄来打改旧建新的头阵有带动意义，

梅塘村建设社会主义新农村座谈会

梅塘村有蔡天守这样的领头人，有近三年来的实践成果，对于改旧建新实践，这无疑是最佳选择，于是便让梅塘村来吹响改变旧村庄，建设新农村，助力乡村振兴的号角。

获得先行改旧建新的令牌之后，蔡天守无比兴奋，他意识到这是他实现"三年打基础，十年展新颜"的最好机遇，而且，他还能借助改旧建新的市财政补贴，将梅塘的新农村建设做强做优，让梅塘日月换新天。当时何立峰书记每个月有一到两次在梅塘村现场办公，对梅塘村推进旧村改造、建设新农村给予了很大的鼓励和帮助，使得基层信心十足，更加努力地把工作做好。

建设社会主义新农村，这在全国齐心合力振兴乡村的今天，干部群众们还是有些底子的，但在二十世纪的最后几年，人们对于农村的建设与改变的做法，比较模糊。千百年来，中国农村甚少变动，人们按着既定的模式劳作，生活，生存，发展，呈现最坚韧的生存发展伟力。旧的建筑、旧的生活方式、旧的村容村貌变成新的、时代的、美丽的乡村世界，这是千百年来没经历过的事。蔡天守首先想到的是走出去，走出晋江的梅塘，去看看别人家走过的路，改变过的风貌。

1999年市委决定让梅塘村开展改旧建新工作后，蔡天守即刻带领村两委委员和老人协会的相关人员出外考察。他之所以特别邀请老人协会的老人参加，因为他了解闽南农村的乡情习俗。在闽南，村庄的一切事务，村里的老人一言九鼎。在很长的一段历史时期，村庄的事务都由"村佬大"来裁定，村里的大事小事，邻里的家长里短，一般都要请"村佬大"出面摆平解决。想到梅塘的改旧建新是一场天翻地覆的改革，蔡天守明白，取得梅塘老人的支持极其重要。蔡天守带着这两支人马首先走访周边走在新

赴浙江省滕头村、航民村考察学习

农村建设前头的村落，考察了石狮的永宁前埔村、永春县的美岭村和厦门的马塘村，学习新农村建设的经验。2010年7月，为了实现省委提出的"跨越式发展"，他又组织包括全体党员、村民代表、村两委、老人协会两百多人，包了五辆大巴车，专程到浙江的藤头村、红旗村、航民村，上海闵行区的旗中村等国家级示范村考察学习。通过考察，这些人的眼界一下打开，千百年来不动弹的土地觉醒了，新的农村风貌农村生活方式促使梅塘村开始了更剧烈的改变。

出外考察，吸取经验，制定方案，经过一系列的论证与讨论，委托泉州城市设计院进行规划设计，委托湖南城市学院规划建筑设计研究院厦门分院进行规划修编，系统提出梅塘村"三期改旧建新的项目规划"，编制了"东石镇梅塘村建设规划""东石镇梅塘村政治规划"和"东石镇梅塘村新区修建性详细规划"，确保改旧建新、社会主义新农村建设、助力乡村振兴的有序进行、持续发展。

与此同时，蔡天守邀请侨亲为家乡出资出力，发动村民与企业出资建设新村，利用刚刚起色的村财政收入，争取各级政府的资助，共筹集五千多万元用于改旧建新工程，梅塘村的新农村建设有了资金的保证，梅塘村向着更高远的目标发展。刚刚提早实现三年打基础目标的蔡天守，又马不停蹄为家乡的日月新天奋斗起来。

拆除"公妈厅"的风波

改旧建新，建新倒还容易，只要经济富裕、土地资源丰富，那就没什么问题，一张白纸，毕竟容易画出最新最美的图景。但梅塘村经济并不富裕，土地也不开阔，社会主义新农村的建设，必须破旧立新，在改造旧的基础上来建设新的，这也是晋江市委根据晋江的实际情况提出的建设新农村的方案。旧村的改造成为晋江以及泉州地区乃至整个新农村建设的难点与重点，谁在这个关口上创造奇迹，谁就能为即将到来的中国新农村建设提供宝贵经验。

整治环境，给新农村新的形象，这是改旧建新的重头戏。蔡天守首先领导梅塘人填平全村两百多个旱厕，将属于各家各户的零散的、裸露在乡村各个角落的厕所统统废除、填平，用新建公共卫生间取而代之。填平旱厕修建公共卫生间的举动改善了整个梅塘的卫生环境，村民们看到村庄不再是蚊虫乱飞，臭气冲天，自己的生活环境改善了，心里感激蔡天守。但当蔡天守提出要拆迁破旧空房，整治出五十亩村中土地，用于建设新农村新住宅的时候，村民强烈反对。

住宅改旧建新是从梅塘的实际出发而科学规划出来的，梅塘村太贫困，即使到了改革开放时期，依然见不到几间农民自盖的新屋，大多数村民住的老屋都很破旧，危房很多。每一次刮大风、下大雨，村干部都要提起大锣，沿村敲打，动员危房里的村民临时搬迁，到安全的地方避风躲雨。鉴于这个情况，蔡天守的改旧建新规划就从拆旧建新入手。他召开村民大会，将专家们的蓝图与规划提交村民大会讨论，让村民投票表决。但表决的结果让蔡

授予：晋江青阳蔡氏家廟

福建名祠

福建名祠编辑委員會
二〇〇三年九月

梅塘村蔡氏家庙，始建于清朝康熙年间

天守感到压力重重，他说："表决结果让我压力大，只有三成七村民同意拆旧建新，六成三不同意。看到这个数字，我就知道麻烦大了。"将老的破的屋子拆掉，住上新屋，由村庄统一规划统一建设，村民何乐而不为，为什么偏偏要反对？这主要是观念。老屋再怎么破旧，难以抵挡风雨，却是祖宗留下来的居所，是每家每户原本的祖业，动弹不得，尤其是那些"公妈厅"——由各宗族共同修建起来供奉祖先牌位的祖厅——更不能随便动弹。此时，村民就不再管设计院的规划与设计，不顾及老房屋的破旧残损情况，也不再向往住上新房过上好日子，而被陈旧的观念束缚着，考虑的是房屋拆了就不是自己的了，考虑的是拆了祖祖辈辈保留下来的用以保佑后人的"公妈厅"，会破坏宗族的风水。村民的表决给了蔡天守一盆冷水。

"公妈厅"，一般书上都称为祖厅、祖堂、祖庙，是晋江以及整个闽南一带象征宗族文化的建筑物，它由同宗同族的人共同兴建，用来供奉祖宗的牌位（闽南人叫神主），供后人祭拜祖先，在同宗同族的人们眼中，这种地方让人敬重，无比神圣，它与族人的生存发展有千丝万缕的关系。梅塘村的大宗族是蔡氏，这里的人都姓蔡，蔡氏分支很多，晋江青阳蔡氏是其中主要的一支。据统计，从青阳直接到台湾与闽南一带的蔡姓族亲很多，分居在晋江市的就有一百多个村落，主要在深沪、钞坑、型厝、梅塘、塘东、东石、陈埭、磁灶、安海，遍及整个晋江，故有"泉南百乡"之称。宋代熙宁年间，青阳蔡氏六世蔡常安得钦赐进士，他回乡建造家庙，光宗耀祖，大门对联写着"温陵山水万重尽收入吾家眼界；青阳烟火千户独此占高峰顶头"。这蔡常安家庙经过历代风吹雨打，一次次损毁，又一次次修复，至今依然坐落在晋江市文

95

化街区，对联依然显目。从这对联中，也可看到当年蔡氏的分支之广、香火之盛。

梅塘蔡氏源自晋江青阳蔡氏分支，按说这个梅塘分支只要有一座供奉祖先、让后人纪念祭拜的蔡氏祠堂就够了，但随着梅塘村各房角人口增多，分支再分支再再分支，大宗族之外又有小宗族，大祠堂便又分化出比祠堂规模要小的"公妈厅"，供分支的分支过年过节时祭拜祖先。你这个宗族建"公妈厅"，我这个宗族也要建，上千人口的宗族建，不上百人的小宗族也要建，梅塘这个村落，"公妈厅"随处可见，大大小小竟有二十五座之多。

显然，梅塘村改旧建新的难点首先就在拆除这二十五座的"公妈厅"上。"公妈厅"的问题能解决，其他旧房子的问题就能迎刃而解。蔡天守的计划是拆除掉二十五座"公妈厅"，由村里建一个公共的"公妈厅"，供村民逢年过节祭奠祖先，整个梅塘蔡氏都是一家人，追思追远，都是一家人，都是同一祖宗，大家在一起不是更和谐更团结吗？！

道理是对的，逻辑是对的，但事情真干起来并不容易。虽说没有人不想改变贫穷的面貌，没有人不想住上新的房子，一旦遇到要改变原有生活秩序时，人们的心里就不那么舒坦。梅塘村村民的担忧实际上是思想意识的问题，梅塘村人习惯了固有生活，不愿意变动。走南闯北的蔡天守清楚地意识到问题的症结，他也找到梅塘没能跟上时代脚步改变落后面貌的原因。他对村两委成员指出，"要改造村容，必须先改造思想"，先将梅塘村民从固有的与守旧的生活轨道上拉出来。在动手拆旧建新前，蔡天守决定先营造梅塘村建设新农村的氛围，从观念入手改变村民的思想，尤其是关于"公妈厅"的旧观念。为此，村党支部、村委会分别召开三十多次党员大会、老人会议和村民会议，对照本省石狮前埔村、永春县美岭村、厦门马塘村的情况，众人坐在一起探讨旧村改造问题，制定了两条铁的纪律，人称"两个凡是"：凡是涉及村庄利益的事，不能村两委说了算，都要交给村民代表大会表决通过；凡是拆迁中确定的补偿方案、补偿金额，都要向群众公开。

在蔡天守的提议下，村两委的党员干部实行到户包干，每个人领了任务，亲自到需要拆迁的村民家里促膝相谈，介绍改旧建新的方案与前景，了解各家各户的思想问题与心理负担，干群之间取得思想共鸣。据蔡天守自己回忆，拆旧建新的日子里，他本人走村入户与乡亲交谈就有两百多次，其他村干部也都没日没夜地与乡亲们交流，让改旧建新方案取得父老乡亲的理解与支持。为了梅塘旧貌换新颜，为了梅塘可以想望的明天，蔡天守要求两委会干部要在改旧建新中练就四项特殊的本领：铜头、铁嘴、飞毛腿和橡皮肚。动员群众，解决村民问题时，能够不怕顶破头皮，不怕说破嘴皮，不怕走破脚皮，面对群众的牢骚怪话、误解甚至污蔑，都要有宽宏大量的精神，做到宰相肚里能撑船，要有一个能屈能伸、伸缩自如的橡皮肚子。蔡天守将这个叫作"四不怕精神"，一直贯穿在梅塘村干部为群众办实事上。

与此同时，梅塘村设立改旧建新领导小组。领导小组成员与村里的党员干部，在拆旧建新中率先行动，以身作则，为全村村民作表率。经过一番工作后，梅塘为改旧建新召开第二次村民大会，再次对梅塘的改旧建新规划与方案投票进行表决，出乎意料，这第二次表决与第一次相比发生巨大变化，七成三的村民投了赞成票，反对的或弃权的村民只剩下两成七。蔡天守决定事不宜迟，

党支书蔡天守身先士卒，带头深入拆旧建新第一线

只争朝夕，由党员干部带头，按规划着手拆旧建新的重大行动，让那两成七的群众在实践中重新认识。

"说一千，道一万，不如带头给群众看"，蔡天守首先从自己的老屋动手，首先从自己家族的"公妈厅"下手，全村拆得最早的房子，其中就有蔡天守的老家与蔡天守家族的"公妈厅"。在蔡天守的带动下，梅塘村那些规划中需要拆迁的党员干部的旧厝，也在党员干部的亲自指挥下，一间间拆了，他们用自己的行动，带动乡亲们走向新的生活道路。

一面是将旧的破的破坏环境的房子拆了，一面则是安置旧厝拆后暂时失掉住所的村民的正常生活，更重要的则是要在短时间里迅速将新房子建设起来，打造新村容，保证村民过上更美好的生活，这是翻天覆地的变化，谈何容易，也不是几个党员干部带头就能解决的，群众要看的是实际结果。

偏偏天有不测风云，在蔡天守带头拆了自己家族的"公妈厅"后的一个月里，他的家族中有三个人相继去世，一位老人是年纪大了，属于正常死亡，一位是病重医治无效死亡，另一位则是年轻人，溺水死亡。"公妈厅"拆后，族人走了三个，舆论便从不愿意拆旧建新的村民那边涌来，什么"拆了祖厝，犯了祖先，祖先生气了"，什么"拆祖厝，坏了风水，后辈受惩罚"，风言风语，议论纷纷。洪缝纫去三位死者家里吊唁，给人骂了回来，说这些人的死亡都与拆祖厝有关，是拆了祖厝上天与祖宗在惩罚族人。洪缝纫只好把怨气发泄在丈夫身上，埋怨丈夫放着大钱不去赚，来当村干部遭人骂。蔡天守看着满腹委屈满腹牢骚的妻子，知道安慰是没用的，只有等到新村建设起来后，无论是妻子还是那些风言风语的群众，自然就会理解改旧建新的美好，事实会说明一

切。他对洪缝纫说："你挨人家说几句就受不了，那怎么做大事。你不知道吧，现在都还有人要我死，要埋炸药炸死我。"洪缝纫一听，马上警惕起来，竟然还有人要丈夫的性命？

蔡天守并非吓唬洪缝纫，他没有编故事。整个村庄沉浸在改旧建新的向往中的时候，一位坚持不让村里拆"公妈厅"的村民，将炸药包放在蔡天守的家门口，扬言要炸死数典忘祖的蔡天守。这个炸药包发现得早，未造成伤害，但村民的恐怖行动让梅塘这场改天换地的行动蒙上一层阴影。

然而，已经确立下"四不怕"精神的蔡天守及年轻的梅塘村两委会干部，认定自己在干的事业是在将家乡引向崭新的发展道路，父老乡亲将从改旧建新开始好日子，这个由年轻人组成的乡村领导班子，坚定而团结。他们有一个一心要为改变家乡奋斗的领头人蔡天守，这个领头人的眼光、思想、干劲以及境界，不仅让他们信任，也让他们钦佩，是他们的榜样。

此时的蔡天守并没有什么委屈，这位经历过乞讨苦难的党支书，什么风雨没经历过。他对党员们说："不怕，只要我们党员对群众真心，群众就会对我们放心。"在拆旧建新的新农村建设中，蔡天守与梅塘村的党员干部们，以理解村民与启发村民的双重心态，带着村民走上新的生活之路。

蔡正东是梅塘村的老人，世世代代的农民生活让他习惯日出而作日落而息、安于现状的生活方式，从梅塘改旧建新、建设新农村的那一天起，他就以老人的身份反对，他不顾自家房子旧、破的现实，与梅塘的拆旧工作对峙了整整三年，面对这样固执难化的老人，蔡天守和村干部苦口婆心，三番五次走进蔡正东老人的家，示以要害，指明前景，直接关心老人的生活状况、经济负

蔡天守夫妇合影

梅塘村第三期旧村改造前原貌

担，了解到老人的僵持，不仅有固守观念的原因，也有经济的原因，老人生怕自己负担不了建新的费用，但又觉得这种伤面子的事不能堂而皇之地提出来。实际上，在反对的群众中，蔡正东的担心很有代表性。了解了这一情况后，蔡天守与村干部的工作更有的放矢了。有一天，蔡正东老人收到一笔不留姓名的扶助款，数目不小，寄款说明是支持拆旧换新的资助。老人收到这笔款后，既有感动也有惭愧，他知道这一定是天守书记寄来的。他后来对记者说："只有书记才有这样一种'爱心'。"实际上，村里的一些经济困难户同样收到这样不留姓名的资助款，他们也都心里有数，知道这钱是谁寄的干什么用的。在蔡天守与村干部的真情打动下，2003年，蔡正东老人主动拆掉自己的老屋，在全村规划好的地区动工兴建自己的小别墅。兴建期间，村委会副主任蔡自由还专门到蔡正东的工地上帮忙。经过这一番僵持与和解，蔡正东的新家，后来便经常迎来蔡天守及其他党员干部，村干部成了蔡正东家的常客。

从反对到理解，从理解到支持，从消极抵触到主动参与，梅塘村的改造旧农村、建设新家园就在这样一个过程中平稳推进，健康发展，未发生过任何一项伤害集体伤害村民的事件，未发生过任何一起村民上访的事件，梅塘村按着新农村的规划，在新生的土地上建起一个人们祈盼的新村庄，一幅美丽乡村的现代图景即将展现在梅塘两千多名村民面前。

梅塘村新农村面貌

第六章
时代的乡村巨变

抓住梅塘新农村建设的关键

经过三期改旧建新建设，梅塘村拆除了破旧房子一百七十座，重新规划建设五十五栋农村别墅、一百一十套经济适用房、一座村文化馆；拆除了菜市场周边的违章搭盖，建设了市场周边的绿化带和集体休闲的健身场所；投入了两百五十多万元架设沿村水泥路的灯光照明设备；铺设了沿村道路两旁的绿化带和三千多米的排水沟，加固并美化了梅塘溪岸，治理了梅塘溪的污染，还梅塘洁净的天、洁净的水、洁净的路、洁净的村庄，梅塘农民搬进了新家，梅塘的父老乡亲笑了。

但这只是蔡天守万里长征的第一步，他深深地懂得，要使自己的家乡真正地旧貌换新颜，持续发展，让村民的生活一天比一天好起来，住新房子不是最重要的，最重要最关键的是发展农村经济。

振兴乡村，关键是生产发展、经济发展。在蔡天守进行梅塘改旧建新的探索不久，党的十六届五中全会通过《十一五规划纲要建议》，正式提出社会主义新农村建设，指出生产发展是新农村建设的中心环节，是实现其他目标的物质基础。建设社会主义新农村好比修建一幢大厦，经济就是这幢大厦的基础。基础不牢

固，大厦就无从建起。经济不发展，再美好的蓝图也无法变成现实。生产要发展，经济基础要雄厚，产业很重要，很多村庄发展不起来，因为没有产业带动，归根结底是没有龙头产业。

今天的晋江，已经闻名遐迩，其声名远播是因为乡镇民营经济强大，一个小小的晋江，竟然拥有四十六家上市民营企业，数量居全国县域前列。改革开放以来，晋江的经济总量平均每三年翻一番，实现从"高产穷县"到"福建第一""全国十强"的惊人跨越。然而，二十世纪晋江的村集体经济一直很薄弱。根据晋江市农业局经营站的统计，2010年，晋江纳入统计的三百八十七个村庄，剥离掉上级的各项拨款、土地补偿等，村均集体经济收入仅为三十四万元。这个统计数字，明确表明，村集体依靠自身能力管理所得效益薄弱。在很长的一段时期，晋江九成村经营性收益项目为零，大量村集体资产是公益性资产，而非经营性资产。这就意味着，即使是改革开放许多年后，晋江乡村虽然已经摆脱一穷二白的面目，但集体经济依然不发达、不强大，社会主义新农村建设，必须从根本上解决这个问题，新农村才不会是一句空话。

蔡天守是做企业出身，他很懂得经济作为新农村建设基础的关键作用，发展乡镇民营企业，是发展农村经济的基础。在整个改旧建新过程中，蔡天守双管齐下，一方面，将自身的天守企业作为平台，鼓励村里群众创办天守企业的配套厂，形成梅塘村的企业链，实现业务共享；另一方面，大力支持村民办企业开拓新业务，协助创办者解决银行贷款问题，把村办企业扶上马，再送一程，掀起梅塘村村办企业的高潮。2010年，梅塘村涌现出九家上规模的企业，形成以纺织服装、汽车配件、雨伞三大产业为主

梅塘村村民居住的别墅

的梅塘乡镇产业体系。其中，天守企业机构是当年晋江市七十六家亿元企业之一，纳税额居晋江市东石镇民营企业前列。天守企业机构还是"中国品牌""省级企业技术中心"，晋江思梦发展服装织造有限公司荣获"中国驰名商标"，村里有五家企业通过ISO 9001—2000质量管理体系认证。

乡镇民营企业的发展，带来乡镇的经济繁荣。2010年，这个原本连村干部每月补贴都要欠账、村委会办公的纸张笔墨都要靠赊账买的梅塘，村财政收入已达到七百七十八万元，村企业每年上缴税收达两千六百多万元，人均年收入一万两千七百元，是十年前的十二倍。2005年，梅塘的村财分红每人是五百元，到2008年，新农村建设五年后，梅塘的村财分红翻了一番，每人分红一千元。

乡镇民营企业的发展，让梅塘的一穷二白灰飞烟灭，"当尼姑也不嫁给前埔"的历史一去不复返。蔡天守一生最压抑的心理情结终于解开了，但蔡天守依然不满足，他要让家乡集体经济发展壮大起来。他在居住区建设了一幢并列式的有十个店面的商店街区，与新建市场一起，方便村民的日常生活，也解决村民的就业问题；他还规划建设梅塘加油站、梅塘家居建材市场、梅塘村农业观光旅游基地和梅塘村百货商场和超市，发展乡镇的第二第三产业，增强梅塘的综合经济实力，方便村民的日常生活，有效地解决当地富余劳动力的就业问题。

这一时期，有一句话经常挂在蔡天守嘴边："一人富，有衣裤；众人富，建金库。"作为梅塘的龙头企业，天守机构的经济实力强大，但蔡天守一直不忘村党支书的身份，他想着整个梅塘，他说："村集体经济一要有实力。村集体没钱，就等于人没有底裤穿，连底裤都没有，还怎么让村民穿上长裤。村党支部就要想法子把村集体经济发展壮大起来。"从村集体经济的发展壮大出发，蔡天守规划建设了梅塘村的第二产业与第三产业的项目，大刀阔斧地推出盘活全村土地、村民入股乡镇企业经营的创新举措。

为盘活经营性收益项目，带动村集体的财政收入，蔡天守想到那些分散在家家户户然而实际上已经荒废的土地。梅塘的土地并不宜栽种粮食作物或经济作物，加上沿海地区改革开放后就很少再有人面朝黄土背朝天，除了几位老一辈农民还凭着对土地的感情，在自己承包的部分土地上耕种外，大部分农民脱胎换骨，离开土地。蔡天守看到这一点，这位也是农民出身的党支书，自然不能让故乡的土地就荒废在那里。于是，他提出村民以土地入股公司，盘活土地，开放经营性收益项目。这个主张，在梅塘创建社会主义新农村的"全国示范村"和"全国先进党组织"的一三八工程中发挥了关键性的作用。

让大家"过上好日子"的"一三八工程"

2011年2月16日，传统元宵节的前一天，晋江的家家户户都在忙着做汤圆，准备着第二天的团圆，在一年的圆圆满满之后，再次踏上新的人生征程。这一天，梅塘村隆重举行"一三八工程和跨越式发展"的群众誓师动员大会，只争朝夕地吹响了新一年新农村建设的集聚号。中共梅塘村党支部、梅塘村委会、梅塘村老人协会和全村四百多户村民家庭的四百多名代表，集合在梅塘的广场上，听着蔡天守展示振奋人心的一三八梅塘新农村建设蓝图，看着村两委会成员一个个在台上庄严宣誓，党员干部们向村民作出一个个承诺。

一三八工程是晋江梅塘村争取成为社会主义新农村建设"全国示范村"和"全国先进党组织"的具体实际行动。一指一个五年计划，三是三个奋斗目标，八是八个建设项目。按照这一工程，梅塘村两委会要带着梅塘的广大农民，在一个五年计划中，也就是到2016年，实现"梅塘村九成以上家庭资产超百万""每年每个村民能够分红八千元以上""村集体收入每年突破两千万元"三个奋斗目标；作为实现三个奋斗目标的基础则是村集体经济与集体福利的八个建设项目。

这八个项目分别是：

梅塘居住示范小区：梅塘的新农村建设目标是成为全国示范村，与这个目标相适应是建设梅塘居住示范小区，这是福建省委小城镇建设规划中提高当地居民或农民的生活品质的重要环节，是新农村农民居住品质的重要表现，它体现新农村在居住上向城市化跨越发展的重要一步。梅塘的居住示范小区，具有为晋江区域新农村居住小区建设起带头与示范的作用。

梅塘假日大酒店：作为梅塘新农村建设对外展示的窗口，作为乡村星级的假日酒店，不仅满足对外接待的任务，更提高与丰富梅塘村村民的业余休闲文化生活，这也是村集体经济的增长点。

梅塘加油站：梅塘地处交通要道，兴建属于集体所有的梅塘加油站，完善梅塘村的基础设施，方便人们的日常生活需求，增加村财政收入，提高梅塘向"全国新农村示范村"迈进的综合竞争力。

梅塘家居建材市场：作为充实促进梅塘第二产业发展的建设项目，为当地富余劳动力提供就业机会，有效解决当地农民的就业问题。该项目是进一步落实福建省委提出的小城镇跨越式发展的具体行动。

梅塘外来工中心小学：梅塘集体企业与民营企业发展起来后，外来工增多。从解决梅塘两公里内的周边村落适龄小孩与外来工子女的入学问题，规划总占地面积三万三千多平方米的小学，配套设施有塑胶体育场、多功能厅和教学综合楼，设计规模三十六个班，两千名在校生。

梅塘村农业观光旅游基地：这是作为梅塘村地方特色支柱产业而提出和建设的，目标是建成梅塘走向新农村建设的"全国示范村"和"全国先进党组织"的标志性成果。

梅塘村百货商场和超市：这是便民利民项目，目的是为当地及周边的村民提供生活上的便利，提高当地与周边村民的生活品质，带动周边村镇经济共同发展。

梅塘村红色革命文化广场：这是梅塘精神文明建设的具体项目，兴建村红色革命文化广场，展示村庄历史与改革开放历程，提供爱国主义教育场所和村民精神文明活动的广场，呈现社会主义新农村的精神风貌。

八个项目，涉及梅塘社会主义新农村建设的政治、经济、文化、日常生活的方方面面，从社会主义新农村的跨越发展出发，切合梅塘发展实际。八个项目寄托新农村乡镇的憧憬，在新春佳节的日子里展现在梅塘村全体村民的眼前。

党支部书记蔡天守首先走上誓师大会的前台，他挥起右臂，向父老乡亲们作出庄严的承诺："一三八工程将促进梅塘实现根本性变化，将实现梅塘村的跨越发展。在不给群众带来任何负担的情况下，我们梅塘党支部将在五年内，带领全村父老乡亲实现

党支部书记蔡天守在"一三八工程和跨越式发展"群众誓师大会上发言

如下三个奋斗目标：一是村集体年收入突破两千万元；二是每年每个村民分红八千元以上，三是全村九成以上家庭户资产超过百万元。"之后，他详细地为村民报告了借助八个建设项目达到三个奋斗目标的思考与具体行动。

最后，蔡天守激情满怀地说："从现在开始，我们要大干五年，集合大家的智慧把村子建设好，让别人也来学习我们。"在确定上马一三八工程前，蔡天守先带着村两委和村老人协会成员、村民代表两百人，走出晋江，走出福建，专程到浙江的藤头村、红旗村、航民村以及上海闵行区的旗中村等国家级新农村示范村考察学习。学习回来的蔡天守，不仅想到如何学习典型，也滋生出要超越这些典型新农村的勇气与意志。他向父老乡亲们掏心窝："让村民的钱袋子鼓起来，让所有乡亲共同富裕，这比我的企业和生命更重要。我人生今后的几十年，就和大家绑在一起了。一个人的能力是有限的，我就是关掉了几家自己的企业，也要将有限的精力用在村集体的经济上，把村里的集体经济搞上去，让大家都过好日子。"带领村民共同致富，这比他的企业他的生命更重要，掏心掏肺的话语一落，全场掌声雷动，像波浪一般，一浪翻过一浪。

这一天，晋江市市委市政府领导曾清金、李元巍、洪学谋等参加梅塘村举行的新春建设社会主义新农村的誓师大会。在市领导与四百多位梅塘乡亲们的见证下，梅塘村两委会的干部们和他们的书记一样，一个个登上誓师前台，向村民立下庄严誓言，各自表示：若完不成自己分工负责的工程任务，主动辞职，下一届不再当村两委的候选人。

在举行誓师大会的那一天，记者问为什么要上台誓师时，蔡

113

天守这样回答记者："村民党员选我为党支书，这是村民对我的信任，我就不能让村民失望。"他说："村两委的每个干部也一样，他们逐一上台当着村民的面宣誓，就是要让村民看到我们是来真的，要让村民放心。这也是我们干部给自己施压，促使大家将压力转化为动力，让家乡来个真正的翻天覆地的历史之大变。"

把最难办的事留给自己做

誓师大会上党员干部与村委会干部的承诺与决心，让村民们看到梅塘村振兴乡村、建设新农村和争取新农村建设"全国示范村"的豪情壮志与众志成城，人们看到蔡天守带领下的村两委崭新的精神面貌，看到村两委成员拧成一股绳，个个给自己加压，有一种不达目的誓不休的冲劲与猛劲，便觉得充满希望，全村士气高涨，信心大增。对此，村支委蔡清册这样说："加压是我们自觉加的。有压力才有动力，有动力才能做好工作，才能让群众感受到你的初心，才能让群众相信你，工程才有可能顺利完成。"

其实，自从蔡天守当了梅塘这个家的家长之后，蔡天守就经常给党员干部们加压。2010年，梅塘村党支部以"创先争优"为契机，号召支部创建先进基层党组织，全体党员争当优秀共产党员，提出以"五个好"（领导班子好、党员队伍好、工作机制好、工作业绩好、群众反映好）锤炼党组织，以"五带头"（带头学习提高、带头争创佳绩、带头服务群众、带头遵纪守法、带头弘扬正气）要求每个党员。在"创先争优"活动的开展中，梅塘党支部从"目标明确化、行动具体化"出发，将全村党员分成四个小组，每组选出一名组长，创造性地推出党小组的"九个一"系列活动，即召开一场"创先争优"部署大会，确定一个活动主题，设计一个活动载体，提出一份具体工作方案，进行一次公开承诺，半年至少开展一次领导点评，每年开展一次群众评议，每年开展一次年度考核，适时开展一次评选表彰，由组长定期组织党员学习，定期向支部汇报向群众公开承诺事项的完成情况，由此而形成党组织勇于担当、敢于负责、勤于工作的氛围，形成党小组与党小组之间、党员与党员之间的工作竞争态势，提高全体党员的工作热情与积极性，形成梅塘党员争当先进的良好局面，更好更快地推进梅塘村社会主义新农村的建设步伐。

2011年3月，梅塘村党支部在2010年党组织建设基础上，根据梅塘村建设社会主义新农村的使命与任务，制定出台《梅塘村2011年新农村建设项目责任分解表》，将工程的各项工作落实到党员干部个人，项目到人，责任到人，以"目标负责制"的形式，让党支部、党小组与党员个人各自选定"公开承诺事项"，明确项目计划与完成时限，向全体村民作出承诺，形成全村工程建设的比学赶帮、创先争优的良好局面。

对于这个"公开承诺"制度，蔡天守提出"双定、双选、双承诺"的"三双"工作机制。首先，在征求党员群众意见基础上，确定年度发展目标，确定实施项目，这叫"双定"；其次，村两委成员根据自身能力、特长等因素，按照职务分工选择具体实施项目，自主选择配套人员，承当相应项目的第一责任人，这叫"双选"；最后，项目责任人根据项目建设目标与要求，承诺项目的责任与完成时间，这叫"双承诺"。在进行"双选"时，蔡天守提出一条"铁律"，以确定"双选"的次序。他先把所有的建设项目列出来，然后按照党支部委员、村委会委员的职务，职务最小的两委委员先选择项目与工作任务，书记、村主任最后选项目、工作任务。"我这样做有个想法，那就是让干部们从最简单最容易做的事情选起，每个干部领走自己的任务，留下最复杂最难办的工程给我给村主任。第一把手就要负责最难办的工作，这样才能服人，才能起带头作用。"干部确定了自己负责的项目与工作后，蔡天守对大家说："你们就大胆地负责，爱拼会赢地干，缺钱就来找我。"这种基层党支部书记身先士卒、将难办的事情留给自己做的做法，后来受到中组部的肯定并加以推广。

梅塘振兴家乡、建设新农村的一三八工程启动前后，是蔡天守继当年拼搏创业之后的又一次"疯狂"，当年妻子说他"疯了"。在一三八工程启动前后，他的企业也在拓展的高潮，为支援老区建设，他在长汀这块红色土地上投资建厂，在漳平这块老区的土地上增资扩厂，在厦门这个国际化的港口城市设立总部机构。那些日子，身兼天守集团董事长与村支部书记的他几乎都在晋江、厦门、长汀、漳平四地辗转奔波，每个月他的汽车行程都是上万公里，工作强度与工作压力是常人难以想象的。但他最主要的精力与关注点，还是在家乡的新农村建设上。他给自己定下一条规矩，向全村群众立下"军令状"，承诺自己一个月至少二十天到村委会签到，一个月至少二十天在村里参与、督促与协调各项工作的进展，推进工程建设。他对村民说："无论我在什么地方，在村委会，在企业，在家里，只要你们有事找我，我绝不会将乡亲们拒绝门外。"那些日子，要是他出差到外地，也要一天几次电话，跟踪村庄工程的情况，生怕漏掉一个环节一个细节；出差回来，他首先走进的不是家门，不是厂门，而是村委会，"先到村委会再回家"，成为他担任党支书二十三年来一以贯之的作风。

"老婆说我又疯了"，蔡天守笑着对记者说："我记得老婆上次说我疯了是开始创业时，后来证明我的发疯是对头对路了。她是看出我又疯对了。实际上她心里一旦疯起来，她就会说：'你就再疯一次吧'。"当有人向洪缝纫问起一三八工程时，洪缝纫用闽南话开玩笑地说："一三八工程，三八呀，天守就是那个'三八'呀！他常常做贴钱又要出力的事，让人不是滋味。"闽南话里的"三八"指这个人神经病，行为言行不正常，但作为嗔怪，则表明这个人与众不同，有一股特别的劲头与智慧。蔡天守的"又疯了"，自然是洪缝纫对拼命三郎丈夫的嗔怪。而在儿子蔡裕泰的记忆中，父亲当了村支书，尤其是启动一三八工程前后，家中便少了安宁，常常有人跑到家里来，莫名其妙地责难父亲这个那个的。蔡裕泰说："要管好一个村比管好一个企业难上十倍、百倍，甚至千倍，因为管企业更多的是对事不对人，但管村庄事物，既需要对事，也要对人。都是乡里乡亲的，什么事都离不开人缘人际。但我父亲在乡亲面前就特有韧性，特能坚持，他要做的事，一定要做到。"

盘活土地，村民入股办企业

举行工程誓师大会之前，梅塘村先为一三八工程建设做好资金准备。2011年11月18日，梅塘村村民委员会设立"晋江市梅塘投资发展有限公司"，以市场运作的方式，借助于投资公司的运营，更好更快地实现新农村建设蓝图。那天，村民以投票选举的方式，选蔡天守为投资公司的董事长。蔡天守一再要求村民选"年轻人来干"，但人们还是将蔡天守推向第一线上。村民说："选他因为他有本事，不会将村民的钱浪费了，而且他本人也不

贪不取。"

蔡天守担任董事长一职，最关键也是最难的问题就是投资资金哪里来，梅塘原本是贫困村，虽说新班子成立后村财政有所改观，但要进行翻天覆地的改造，除了市政府支持新农村建设的补助资金外，财政上还是捉襟见肘。建设资金从哪里来，如何实现既定的建设目标？都是让蔡天守抓破脑袋的事。但蔡天守是从市场经济浪潮中打拼出来的党支书，这位有经济头脑的党支书，想到农村最重要的资源——土地，那些分散在各个村民手中的零散的土地，通过法定的形式归为集体经营，这将一举两得，一方面让土地盘活起来，一方面也让那些有土地的农民有新的生活出路，用土地来改变命运与持续发展经济。他要用盘活土地来解决资金的问题，要让农民以土地入股的形式参与工程经营项目建设中，成为工程建设的主人，尽快改变贫困，尽快富起来。

就这样，梅塘的村民以自己的意愿，以每亩土地三万五千元的价格入股企业，企业则按入股土地的多少测算村民各自在企业的股份。村集体则组织经营公司，公司持有土地进行运营与建设，通过土地的合法的招、拍、挂获利，凭借项目的经营获利，创造利润，村民就按入股的百分比领取分红。这个土地入股企业的政策，让梅塘村那些经济实力欠缺的农民改变原有的生活模式，让拥有一定经济实力的村民以手中闲置资金入股，参与梅塘的乡村建设，获取分红获利。

在盘活土地的过程中，作为新农村建设的领头人，蔡天守首先站了出来，政府原本规划了二百八十多亩的农村土地给蔡天守，政府允许他在缴纳变更费用后，可以把农村土地变更为建设用地建设厂房。但等到蔡天守缴足变更费用后，他就把这二百八十多亩的建设用地交由村里，由村里来统筹考虑土地的经营。乡亲们看到支部书记捐出厂房用地，疑虑一下子烟消云散，观望也随之消失，纷纷以土地入股，投入梅塘社会主义新农村建设中。梅塘村的农民，一个个成了新农村建设的主人翁。

2012年12月，梅塘村的七十多位党员、村民代表和老人会代表，在村委会举行会议，大家用举手表决的方式，一致通过《梅塘村关于集体土地统筹利用开发建设和利益分配方案》。这份旨在让村民入股集体企业，改变农民命运的方案，在有法可依、有法可循的基础上，保证了梅塘村农民在新农村建设具体项目的建设过程中有获得感，实行新农村建设中的"有福同享"原则，奠定了获利富裕的基础。对此，晋江市村务工作者黄金汉这样说："梅塘村的这份方案是晋江市新农村建设中的范本，它得到村民的大力支持，大家认为方案提供了公平分配的基础，村民表示满意。"

新乡风，启民智，修民德

无论是梅塘建设的新农村，还是今天的乡村振兴战略，都意图造就文明乡村，提高乡村精神文明，进行文化建设，都需要启民智，修民德，端民行。一方面要消除农民身上固有的消极和落后因素，弘扬传统美德；另一方面要加强乡村人力资源建设，聚人气，重传承，鼓后劲。

2005年中国政府提出的新农村建设，将生产发展、生活富裕、乡风文明、村容整洁、管理民主作为新农村建设的主要目标与内容，这也是蔡天守当年改造旧梅塘、建设新梅塘的目标与内容。

2018年9月，中国共产党召开第十九次代表大会，提出乡村

梅塘村村民居住的花园式别墅

振兴战略，将其作为中华民族新时代的新使命。在谈到振兴乡村战略时，习近平总书记提出，要坚持农业农村优先发展，按照产业兴旺、生态宜居、乡风文明、治理有效、生活富裕的总要求，建立健全城乡融合发展体制机制和政策体系，加快推进农业农村现代化。深入实施乡村振兴战略，要坚持人与自然和谐共生，走乡村绿色发展之路，让生态美起来、环境靓起来，再现山清水秀、天蓝地绿、村美人和的美丽画卷，让良好生态成为乡村振兴的支撑点。

蔡天守是个农民，他没有那么深刻的新农村理论，但他凭着自己的经历与人生感悟，深深地体会到新农村新文明的重要性，在主抓生产发展，力推生活富裕，改变梅塘村贫困面貌的大发展中，整治村容，发展教育，推进乡风文明建设，也是蔡天守着力建设新梅塘的重要内容。

在整个梅塘新农村建设的蓝图中，梅塘农民居住小区的建设是首要工程，在这个工程的行动中，梅塘共建了二十四套并连式的安置房、十二栋别墅型新楼，共有七十八座别墅和花园式套房，有一栋三层十间并列式的商店店面；一个村庄绿化面积达九千五百平方米，建成占地八千多平方米的村级公园。此外，蔡天守特别注重老人的生活设施建设，在他看来，这是将中国传统的尊老爱幼美德薪火相传的工程，他在旧村改造建设而来的老人活动中心上加盖一层楼，设置教学教室、音乐室、图书阅览室、健身室、乒乓球室和棋室，保证全村老人老有所养，老有所医，老有所为，老有所学，老有所教，老有所乐。他要丰富村民的精神生活，陶冶他们的情趣，促进他们身心健康。整治村容，推进梅塘精神文明建设的诸多建设中，梅塘村外来工中心小学的建设

晋江市第一个村级公园

梅塘村老年人活动中心

是改变梅塘落后面貌最基础的工程。

誓师大会后，在短短的一个月内，工程的各项工作在如火如荼地快速推进，梅塘村外来工中心小学的建设最受重视。梅塘村西区原本有一座小学，这座建于1950年的梅塘小学既远远不能供梅塘及周边农民孩子上学，更不能供晋江梅塘周边为民营企业打工的外来员工的子女入学，这座小学年久老旧，虽不断修葺，但难以遮挡大风大雨。借助于新农村建设试点的东风，蔡天守提出扩建小学的计划，从梅塘周边外来工增多的趋势，建议新建的学校改名为梅塘村外来工中心小学，以体现晋江人对外来帮助家乡建设的农民兄弟姐妹的尊重与关心。经过群众推选，梅塘村外来工中心小学成为八项工程之一，列入梅塘新农村建设中的重点项目。学校规划总占地面积三万三千多平方米，设计规模为三十六个教学班，可容纳两千多名在校学生，设有塑胶体育场、多功能厅与教学综合楼，可吸纳半径两公里区域内村落的适龄儿童和外来工子女。

作为一三八工程之一，建设梅塘外来工中心小学的过程也充满艰辛和曲折。在蔡天守心里，一三八工程须一项一项有着落，让群众可以亲眼看到并切身感受到工程实实在在的好处，感受到村两委为群众办实事办好事，从而得到群众的理解，得到大家的支持。为了推动学校建设项目的进展，让校舍顺利完工，学生尽早入校读书，蔡天守以只争朝夕的精神，一面征地，一面筹集建设资金，征地筹款同时并举。有些村民听说征地是为了建学校表示很支持，对征地补助款并不计较，给多少是多少，有的甚至不要补助款，但大多数群众却对学校的建设漠不关心，甚至反对。原因是梅塘外来工中心小学选址在原来的墓地上，这片墓地有八百多年的历史，大大小小的坟地一千六百多个，涉及八个相邻

梅塘外来工中心小学

村庄。平整出这片土地，需将这片坟场搬迁走，将墓里罐里的亡人骨殖统一奉移到建在山上的骨灰亭。闽南人特别信赖风水，忌讳祖先的墓地骨灰被随意搬动，于是，反对建小学的声音便不绝于耳。蔡天守便将村两委分成不同小组，让各组负责相应的群众，做思想工作，请出村老人协会出来一起做群众思想工作，大家不分白天黑夜地走家串户，深入不愿搬迁墓地的群众了解情况，解决思想顾虑。在大家的努力下，大多数村民都能理解与支持建校行动，但还是有十六户村民坚决不同意迁走自家的墓地，蔡天守便自告奋勇地走进这十六家村民家中，不厌其烦地与他们交谈解释，苦口婆心地解除他们心中的顾虑，直至整个搬迁工作顺利完成。

征地的同时，学校的建设资金筹集也在紧锣密鼓地进行。蔡天守一方面发动干部群众捐款，一方面自费设宴，邀请村里的企业家聚会，号召大家有钱的出钱，有力的出力，自己也率先捐出五十万元建设资金，带动梅塘的干部群众和企业家为外来工中心小学的建设添砖加瓦。有的家庭经济并不富裕，看到村民无不为学校建设出力，也就自愿将土地捐出来作为学校的用地。除此之外，蔡天守亲自前往新加坡、加拿大等国家和香港地区走访梅塘村的华侨，请华侨为家乡的小学建设捐款。经过多方努力，梅塘外来工中心小学的建设共筹集了一千多万元。与此同时，蔡天守还奔波于各级政府寻求支持，又获得政府学校建设补助款一千多万元。有了这两笔钱，蔡天守便四管齐下，破土动工，加快推动小学的建设。经过半年多时间，梅塘外来工中心小学在"一三八"誓师大会过去一年后，完成学校建筑的基本框架，占地两千四百多平方米的小学综合楼第一次矗立在梅塘村庄的土

地上。

在梅塘外来工中心小学的建筑工地上，立着一块牌子，牌子上写着："衡量每一位村干部是否尽心尽力办实事，其标准就是发展、落实和效果。发展才是硬道理，落实才是真本事，效果才有发言权。"牌子上的话，就是蔡天守用来鞭策梅塘村干部的三点要求，正是在这样的要求下，梅塘村民全身心投入家乡的振兴与新农村建设中。

"只有让群众看得见，摸得着，享受得到，我们的工作才能得到群众的相信和支持"，这是蔡天守取得全体村民理解与支持的法宝。外来工中心小学让父老乡亲看得见，摸得着，享受得到。

2012年11月，梅塘村外来工中心小学顺利建成，一所花园式的学校坐落在梅塘西区的土地上，梅塘与周边以及来到梅塘四周打工的农民工子女的就学问题圆满地得以解决。就在这所小学的左侧，还有一块十亩空地正在等待着开发。这是蔡天守规划中要配套建设的梅塘幼儿园，预计投资一千三百多万元。这个项目虽然还在规划筹备阶段，但它的建设规划已取得政府的支持，将由政府与企业来协同建设，完成蔡天守当年的愿望。蔡天守深知学文化的重要性，他要让家乡的孩子们永远摆脱没有书读的尴尬处境。

梅塘的文化建设与精神文明建设，在飞跃进行中。

省委书记的关注与全国示范村的目标

如今你走进梅塘村，已经很难再想象出那个女儿"宁愿当尼姑，也不能嫁前埔"的"赤土埔"是个啥样子了。刚踏上村头，一座现代隘门临街而立，两边街柱上雕刻着对联"天授机缘诚可

梅塘村新貌

贵　守真奋发更为攻"，这是乡亲们为感谢蔡天守带着大家改天换地而特地撰写的。穿过隘门，一条宽敞的村庄水泥大道笔直延伸，大道两边是一座座别墅，一栋栋楼房，整齐临街而立，过去农村里错落交叉、大小不一的瓦房销声匿迹，取而代之的是漂亮楼房，规整，沿街而立。二十世纪八十年代，著名作家高晓声曾写过一个中国农民的梦想，他想象的社会主义就是"楼上楼下，电灯电话"，梅塘的今天，何止是"楼上楼下，电灯电话"，村民住房中，电视机、空调机、音响设备，乃至家庭影院，处处可见。

　　沿村的水泥道上，如今来回奔跑的虽然不是大奔、皇冠，但大都是小轿车，蔡天守最早的坐骑雅马哈已经很难见到；村里的工厂、企业，在健康平稳地运转着，村集体企业、民营私人企业，相辅相成，把原本贫困的农村变成富裕山庄；梅塘外来工中心小学，已成为梅塘及其附近村庄的孩子们的学习乐园，成为晋江市外来工子女们上学最集中的学校。

　　梅塘村的老人无忧无虑地安度晚年，他们有一个最佳去处——梅塘老人活动中心，老人们聚集在这里，上学听课，喝茶话仙，打牌玩麻将，谈笑风生；老人活动中心的对面便是晋江市第一个村级公园——梅塘村公园，妇女们带着孩子，在这里健身游戏，其乐陶陶；梅塘的文化中心配套有多功能文娱活动室，设有乒乓球室、台球室、棋室，阅读中心是村级的图书阅览室，能够同时容纳五十位读者，首批图书八千五百多册、报刊二十多种；篮球比赛是晋江农民体育运动的传统项目，每逢重要节日，晋江的各村庄便会组织起队伍，汇集一个举办地参加比赛，这样的篮球队伍，往往是临时组成的，常常夹杂省篮球队的队员，有时也会有国家队的球员。梅塘的灯光球场，是晋江农村中设施完善的篮球场，这个球场建起来之后，每年的春节期间，这里就有华侨或民营企业出资赞助，举行晋江的农民篮球比赛，热闹无比。除此之外，舞剑、太极拳表演、扇舞表演和农村鼓乐队表演，也是村庄里农民经常自行开展的文体活动，生产之余，劳动之后，人们都能在自己的土地上找到精神的享受，分享梅塘村浓浓的文化氛围。

梅塘村真的变了，旧貌变新颜，变得欣欣向荣、蒸蒸日上，变得美丽妖娆、整洁有序，变得文明健康、文气浓浓，在社会主义新农村建设的旅程上，梅塘演绎了一场伟大的"山乡巨变"。连续三年，在晋江市二十多个行政管理部门的评选投票中，梅塘都以第一名的成绩成为晋江市社会主义新农村建设先进单位，还先后获得全国敬老模范村（社区）、泉州新农村建设示范村、晋江市平安家庭创建工作示范村、晋江市"绿色小区"等多项荣誉，乘着这股东风，蔡天守带领着梅塘站到新的起点，向全国新农村的示范村目标迈进。

梅塘村的村民蔡志坚被家乡的巨大变化感动了。他是梅塘人，却长期在外地工作。他原本积攒下一笔钱，准备到城里买商品房，居住到城里去，他说："我向往着城里人的生活。几年前，我在晋江市区看到一个楼盘打着广告，广告语是'我家花园五百亩'，我当时就很佩服，把个楼盘开发成为家园，居住于此一定很幸福、很心动。"梅塘的工程启动之后，他亲眼看到家乡成为大花园，他老家的门口就是梅塘村占地十多亩的村级公园。于是，这位无论是自己还是家人都已决计到城里买房居住的梅塘村村民，一下子改变了主意，决定将到城里买房的钱用在老宅的改造上，将老旧平房推倒重来，建设自家的别墅。

梅塘村文化展览馆

130

当他把这个想法告诉家人时，家中的年轻人大肆反对，觉得长辈不可理喻，人家都要往城里跑，他怎么推翻已经做好的决定？蔡志坚实际上有自己的想法，这个想法来自于"一三八工程与跨越发展誓师大会"以及这些年来自己的观察。他看到，自从蔡天守掌管梅塘村以来，梅塘村的两委会是办实事的，他们能说到做到，他们有决心也一定有能力将落后的梅塘村变成美丽的家园，蔡志坚说："不是只有城市才能使自己城市化、花园化，农村也能变成城市，像城市人一样学习、生活、游玩。"他劝说家人，让他们同意安心在故乡参加改变家乡的新农村建设，不再住在农村却想着过城里人的生活。蔡志坚逢人便说："我以前在外地工作时，别人问我是哪里人，我要么装作没听见，要么就说自己是东石人，不敢说出梅塘村的名字，生怕说出来了人家就瞧不起你。但现在不同了，我一说是梅塘村的，人们便都会知道，那是一个发生翻天覆地变化的新农村。"蔡志坚很自豪地说："三十年河东，三十年河西，当今是我们梅塘村历史之大变的时期，城里人有的梅塘村也会有，我不到城里住了，我今后一定要好好努力，为早日实现梅塘新农村建设的愿景奉献我的力量。"

实际上，当梅塘的社会主义新农村蓝图刚刚在蔡天守心中酝酿的时候，就得到时任福建省委书记孙春兰的充分肯定。2011年1月，也就是梅塘"一三八工程与跨越发展"誓师大会举行的前一年，蔡天守作为省人大代表参加省人大会议。就在福建省委书记孙春兰到泉州代表团听取代表审议时，蔡天守向孙春兰书记和全体代表说出他心中酝酿的梅塘新农村的"一三八"工程，当场就得到孙春兰书记的肯定。这使得蔡天守一连兴奋几天，睡不着觉，回来后立即与村两委专门讨论完善家乡建设社会主义新农村的"一三八工程"，梦想着快速推进梅塘的新一轮跨越发展。

蔡天守这位普通的村基层党支部书记万万没有想到，过了不久，他便又一次与孙春兰书记进行面对面的交流，这让他心中的蓝图很快地化作现实。2011年2月15—16日，省人大会议召开后，孙春兰书记带着福建省其他领导专程到泉州市调研，实地考察泉州、晋江经济社会的发展情况，与干部群众、企业家代表共商经济社会跨越发展之策。作为基层党支部书记与民营企业家，蔡天守参加这次省委书记的调研。这是泉州、晋江跨越发展的重要的调研，参加调研、汇报的是泉州、晋江地区最有影响力的企业和企业家，他们有恒安集团许连捷、安踏体育集团丁世忠、七匹狼集团周少雄、凤竹纺织陈澄清、三力机车王更生、盼盼食品集团蔡金垵、舒华健身张维健、晶蓝光电蒋宗民、寰球鞋服陈永培、浔兴拉链施能坑等，这些代表是晋江经济社会发展的中坚力量。

此时，蔡天守心中的梅塘社会主义新农村建设的蓝图已经更加清晰，"一三八工程"的方案几经干群讨论也已经成熟，在调研会上，他向省领导汇报了梅塘新农村建设的"一三八工程"设想，他诚恳地向省市领导和与会代表表示："作为梅塘人，我把梅塘村看得比我的生命、我的企业更重要。我不在乎人有多少钱，我在乎人心，在乎人的价值观。"事实上，蔡天守在村支书这个岗位上那么多年，从没有向组织、向村里领过一次津贴，尽管这类津贴是合法的，是上级机关制定的制度，他不愿领而将津贴捐给村集体使用。他说："政府和群众都能支持你，信任你，这对我来说是一笔五星的精神财富，这比钱宝贵得多。我愿意做对社会有用的人，我不会用金钱而是用爱心来衡量自己创造的价值。"他向大家敞开新农村建设的宏阔设想："我们用连续七天的时间构想出梅塘村的发展蓝图，我们的目标是走向全国，我们的口号是向全国先进党组织迈进，向全国示范村迈进，走全梅塘共同富裕的道路。"从晋江走向全国，对当年晋江的民营企业来说，这已经是铁板钉钉的事，许多晋江的民营企业已经成为全国的品牌全国的名牌企业，但晋江地区的新农村建设却没有一个村庄走在全国的前面，引起全国的关注，在闽南地区，新农村建设的典型是蔡天守带人去学习的厦门马塘村。蔡天守坚定地表示："我们想将梅塘建设成为全国新农村建设的亮点，也让别人来学习我们。我们要用事实向老百姓证明，我们切实在为他们谋利益谋发展，我们是合格的共产党员，没有忘掉初心。"

蔡天守的发言感染了与会者，孙春兰书记当场表示赞赏，她说："蔡天守同志的这种激情和这种感情，使我们非常受感动，也非常受教育。的确，我们每一位党员、每一名基层干部要都能这样做，特别是党组织，在老百姓心目中的威信就能进一步提高。"孙春兰书记的这一番话，极大地鼓舞了蔡天守与梅塘村的干部群众，也推动了晋江整个地区社会主义新农村的建设步伐。2011年3月，梅塘村被确定为晋江新农村建设的示范村，在泉州市委的领导下，晋江市委市政府专门设立"梅塘村一三八工程建设领导小组"，晋江市委书记尤猛军亲自担任组长，负责协助梅塘村两委会推进梅塘新农村的"一三八工程"建设，及时解决梅塘"一三八工程"推进过程中的问题，代表着市委市政府给予梅塘村建设最有力最大可能的支持。有了市委市政府这一最实际的支持，蔡天守如鱼得水，于是召开"一三八工程与跨越发展誓师大会"，朝着全国社会主义新农村建设示范村而奋斗，最终获得"全国新农村建设示范村"的荣誉与"全国先进基层党组织"的光荣称号。

133

"把梅塘村看得比生命更重要"

有一天，蔡天守的手机收到一条长长的短信，这是一个梅塘村大学毕业生写给蔡天守的。发短信的人是个女孩，叫蔡红红，梅塘村人，她已经大学毕业走上工作岗位，在外地工作，家乡巨变让她情不自禁地给村支部书记蔡天守写下长长的短信。

短信这样写："书记您好，我是2008年本科生蔡红红，今天看新闻获知村里在争创'全国示范村'和'全国先进党组织'后，特地向我爸爸要了您的电话，发短信恭贺。谢谢您带着大家改造梅塘村的决心、智慧与魄力，谢谢您规划梅塘村的前瞻性和战略高度。旧村改造，一路走来，可以预见有多难，但是您劈荆斩棘引领梅塘人勇敢大步向前，走出一片天……"这位2008年的本科生显然也经历过蔡天守初任支部书记发起旧村改造时的那段艰难的日子，这段日子给了她深刻的记忆。所以，当梅塘村顺着旧村改造的发展轨迹而进行更高标准更加彻底的振兴时，这位已经走出梅塘的八〇后大学生清晰地看到梅塘村新农村建设的前景。短信中，她描述了自己的切身感受："因为读书、工作的原因，我大部分时间在外面，而每次节假日回家走进村里看看转转的时候，都有不一样的感触，感动于其中摸得着或摸不着、看得见或看不见的点点变化，事实证明，梅塘村人已经成为新农村改造的领军人。"

作为从梅塘走出来的大学生，作为年轻的共产党党员，她对于蔡天守为家乡带来的巨变颇为敬佩与感激，她感恩道："展望未来，前方路漫漫，但是我们有理由相信，在您的带领下，在全体梅塘人的团结协作下，梅塘将创造更新更高的荣誉！作为晚辈，八〇后的一代，我从心底为家乡建设的辉煌而自豪，这份自豪也让我深思，作为梅塘人、中共党员，自己为老家做了什么？最后还想说，您是梅塘人的福星，您辛苦啦，祝您健康如意！"

像这样表示感恩之心的短信，蔡天守的手机里还有很多，梅塘村的男女老少，在家乡巨变中观察到蔡天守作为真正为家乡发展呕心沥血的书记，作为将自己的命运与故乡紧紧地绑在一起的共产党人的初心。人们都记得他在誓师大会上的誓言："让村民的钱袋子鼓起来，带领村民共同富裕，比我的企业和生命还重要。我人生今后的几十年，就和你们绑在一起了。"

蔡天守担任村支书那天，推荐他的老支书说了一句话："党员是群众的公仆，不是群众的老爷，不能追名逐利。"这句话成了蔡天守党支书生涯的座右铭，他时时提醒自己不要忘了为什么来到支书这个岗位上，时时提醒自己是群众的公仆，是老支书与梅塘的父老乡亲为了改变贫穷才把他推上支书这个位置的，蔡天守一天都不敢忘掉自己的梦想——带领梅塘村的父老乡亲共同致富。

他刚刚出任书记时，给自己定下规矩：既然村庄穷得叮当响，那政府给的村干部工资就分文不取，以减少村财政负担。当了二十三年村支部书记，即使是他已经将梅塘从贫穷乡村改造成富裕之乡，村财政从欠账八万元发展到收入七百七十八万元，他依然没向集体领过一分工资，而将自己的工资作为村里的公共开支，也从未向村里报销过一分差旅费、办公费用或招待费用。相反的，担任书记二十三年，据不完全统计，他为了梅塘的发展与公益事业，自己带头各项捐款，为梅塘乡村振兴累计捐款近千万元。蔡天守说："我当村支书没有向村里领过一分工资一分补贴，

我当时也要求其他村干部跟我一样不领补贴。我想，既然要为村民服务，还拿什么工资领什么补贴？"蔡天守这个要求并未取得大家的认同，尤其是村里财政收入改观后，就有干部当面向蔡天守提出干部加班补贴的问题。面对着这样的情况，蔡天守除了坚持自己不领工资补贴外，他还劝村里的干部："你们想想你们一个月到村里上班有几天，但你们已经能按规定领取一个月六百元的工资，现在还要提补贴的事。我怎么样，我按我的承诺，一个月至少有二十天在村委会，我自己是顾不上自己的企业的，我只好以一个月百万元的薪金来聘请职业经理，让这样的人来代理我管理企业，我这是为什么？我傻吗？不，我是为了我们梅塘，为了梅塘，为了我们的父老乡亲过上好日子，我们当干部的当党员的就不能斤斤计较，就不能用钱来衡量我们的工作，否则，就对不起梅塘，对不起梅塘的乡亲，对不起这干部的身份。"

蔡天守的实际行动大家都看在眼里，他的话特别有说服力，在他的带领下，梅塘村有了一个不计报酬、不计辛劳、不计较个人得失而专注于村庄利益的领导班子。

不少人问过蔡天守同一个问题："当天守集团董事长与梅塘村党支部书记两个身份发生冲突的时候，你会如何处理这两者的关系？"蔡天守总是毫不犹豫地回答："事实上这种假设并不存在。想一想，企业终究是社会的，不是我蔡天守的，说到底，天守集团也就是咱梅塘村的。如果真的两者发生冲突，我会把企业给别人管理，自己要专心地做村庄里的发展，让企业由更加专业的管理团队打理。"他向乡亲们掏心窝："我这辈子就和你们绑在一起了。村里的发展比我的企业更重要，乡亲比企业更重要。一个人的精力是有限的，我宁可关掉几家自己的企业，也要把村里的经

蔡天守向梅塘村老人养老基金捐款

济搞上去，让大家都过上好日子。"

家人与亲朋好友认为他这样做太亏了，担心他吃力不讨好。人说"村官难当"，村官面对着熟悉的父老乡亲，面对各样人各种事，大事小事，村事家事，喜事丧事，一个村庄的第一把手没有三头六臂是不行的，比管理一个企业复杂得多。所以，蔡天守一个月的时间里大多数时间在处理梅塘的事，这不能不对他的企业产生影响。家里人、亲戚朋友也都劝他支书当一届知道知道滋味就好了，别一条路走到底。

蔡天守因此也有过动摇，2003年和2008年村支书换届选举时，他都事先向组织和村两委表示，为了让更年轻的同志担任重任，他不再参加换届选举，愿意一次性再捐出两百万元支持村庄建设，村里有事需要帮忙，他一定尽心尽职，就是别再选他当书记。为此，他在举行党员选举时有意出差到外地，尽管这样，梅塘村党支部两次选举，都还是选他担任领头人。村民们还自发写了陈情书，按了手印，送给东石镇党委和晋江市委组织部，要求让蔡天守继续当梅塘村的当家人。于是，蔡天守的梅塘村党支部书记一当就是二十三年，从不间断，全心全意、兢兢业业地带领着梅塘村的父老乡亲，振兴乡村奔小康，建设社会主义新农村的示范村庄。天道酬勤，守信笃诚，蔡天守为乡亲、为百姓、为振兴乡村所做出的贡献，赢得国家、省市上级领导的肯定，赢得广大村民的拥戴，赢得许多的荣誉。

1999年，被晋江市委授予"优秀党支部书记"，出席中共晋江市第九届党代会；

2001年3月，当选为泉州市第十三届人大代表，连任泉州市第十四届、第十五届人大代表；

2001年6月，由福建省推荐参加在北京人民大会堂举行的全国第二届"爱我中华大家行"，受到党和国家领导人及有关部委领导的接见，获"中华爱国之星"荣誉奖章，参加"爱我中华，声援申奥"签名活动；

2002年12月，当选为福建省第十届人民代表大会代表，连任省第十一届、第十二届人大代表；

2003年5月，被泉州市委市政府授予"劳动模范"荣誉称号；

2003年10月，当选为中共晋江市第十届党代会代表；

2004年4月，被福建省总工会授予福建省"五一"劳动奖章；

2007年1月，被泉州市委市政府授予2006年度服务"三农"工作先进个人；

2007年3月，被授予"全国商务系统劳动模范"荣誉称号；

2010年4月，荣获"全国劳动模范"，晋京参加2006—2010年度全国劳动模范和先进工作者表彰大会，受到胡锦涛总书记、温家宝总理等中央政治局常委的亲切接见；

2011年6月，被福建省省委授予"全省优秀党务工作者"荣誉称号；7月，被中组部授予"全国优秀党务工作者"荣誉称号，成为福建省仅有受到中央表彰的四位党务工作者之一；

2011年8月，蔡天守受邀参加由福建省组织部、省委宣传部、省委创先争优活动领导小组、省直机关工委联合组成的"创先争优先进事迹巡回报告团"，成为七名报告团成员之一；

2012年，又应福建省青年企业家协会邀请，在全省各地做"弘扬践行福建精神先进事迹"的报告。

全家人祝贺蔡天守荣获全国劳动模范称号

"铜 头" —— 顶破头皮
"铁 嘴" —— 说破嘴皮
"橡皮肚" —— 宽宏大量
"飞毛腿" —— 走破脚皮

蔡天守受邀参加"福建省创先争优先进事迹报告会"做现场报告

蔡天守在中共中央组织部全国组织干部学院学习

第三篇

挥师红色土地

在走访中国红色政权诞生地长汀的时候，一次偶遇让蔡天守萌发推进革命老区迅速发展壮大的念头，感悟到新时代新长征的精神实质，他将红土地当成第二故乡。

　　在第二故乡长汀，他撑起龙岩纺织业的半壁江山，担起红土地的编外"招商局长"重任，成立龙岩第一个异地商会，奏响响亮的"山海协作"交响曲，领导与群众都说他是"'长汀模式'的第一功臣"。

第七章
天授机缘走进红色土地

省委书记的惊奇

2005年的春天，福建省省委书记卢展工来到中国红色政权的诞生地、当年的中央苏区核心区域古城长汀，这是卢展工书记在距离前次长汀之行两年后又一次长汀调研，原本的中央苏区、如今的山区贫困县——长汀的建设与发展，是这位福建省第一把手最牵挂的事情。但这次，这位严肃的省委书记笑了，只隔两年的时间，长汀的变化就让省委书记惊奇，尤其是那一片红色的飞地，那一片带动整个长汀脱贫致富的长汀腾飞经济开发区。这一次长汀调研，省委书记为长汀的摆脱贫困、飞速发展感到惊喜与欣慰："这里有长汀现象、长汀模式、长汀经验。"他要求省里好好考察长汀现象，总结长汀经验，予以推广。到底是什么让省委书记如此兴奋于长汀老区的变化？

长汀地处福建西部，东接厦漳泉闽南金三角，西接内陆的江西等内陆省份，县设十八个乡镇，总人口五十万人，土地面积三千多平方公里，是福建省的第五大县。

《读史方舆纪要》载："天下之水皆东，惟汀水独向南，南，丁位也。"长汀由此得名。长汀是座古城，历史悠久。据考古发现，旧石器时代，这里就有人类活动，至新石器时代，古闽族人在此

繁衍生息，是福建新石器文化发祥地之一，全县有两百多处新石器遗址。汉代置县，唐开元二十四年（736年）建汀州，成为福建五大州之一。自盛唐到清末，长汀均为州、郡、路、府所在地，八闽客家首府，"阛阓繁阜，不减江浙中州"，曾是闽西政治、军事、经济、文化的中心，也是客家文化的发源地。长汀被国际友人路易·艾黎誉为与凤凰城齐名的"中国最美丽的山城之一"。

这座客家首府，记载着中国革命最艰难最辉煌的岁月，人们称这里是红色的土地，是红色政权诞生的地方。1929年3月，毛泽东、朱德率领中国工农红军第四方面军首次入闽，解放长汀城，将司令部、政治部设在长汀的辛耕别墅（毛泽东、朱德旧居），从此，长汀成为中国革命的首脑之地，毛泽东在这里主持召开了调查会和红四军前委扩大会议，确立了开创中央革命根据地的伟大战略计划，设立了长汀县革命委员会，这是闽西、赣南第一个红色县政权。很快，星星之火成燎原之势，苏维埃政府就诞生于长汀及闽赣区域。

1932年3月18日，福建省第一次工农兵代表大会在长汀隆重召开，大会通过一系列重要决议和宣言，宣告成立"福建省苏维埃政府"，张鼎丞任主席。中共闽粤赣省委（福建省委）随之将机关设在长汀，设立组织、宣传、妇女等部，罗明、刘晓、陈潭秋、刘少奇等先后任省委书记。福建省苏维埃政府的成立，标志着中国共产党的苏区建设进入全盛时期。毛泽东、朱德、周恩来等共产党领导人领导的攻打漳州等一系列重要战役与重大行动，是在这座古城里酝酿产生制定的。"红旗跃过汀江，直下龙岩上杭"，在中国革命史上，长汀是中国共产党人开始进行政权建设与经济建设的地方。

长汀古城

福建省苏维埃政府旧址

147

　　1934年10月，红军主力长征，红色政权首脑机关撤离中央苏区。中国共产党早期领导人之一瞿秋白不幸被捕，在罗汉岭英勇就义。在红军离开这块红色土地之后，长汀人民度过最艰难困苦的斗争岁月，像中国共产党早期领导人之一瞿秋白一样，许多长汀的优秀儿女将自己的生命献给这片红色的土地，献给伟大的中国革命，长汀人民为革命的胜利付出沉重代价，这块血与火洗礼的土地，孕育出许许多多杰出的中国共产党人和革命志士。

　　但就是这样一块红色土地，却是闽西七个县区中最偏远的、资源最匮乏的，尽管曾被誉为"红色小上海""红军的故乡""红旗不倒的地方"，但建国后长期是经济贫困县，这里产业基础薄弱，财政极度困难，经济总量严重不足，长期需要财政补助。1999年，全县农村剩余劳动力超过十万人，向经济发达的沿海地区输送劳动力，成为长汀主要的经济来源。振兴红色苏区，让老区人民过上富裕幸福的生活，成了党和国家领导人，成了福建省历届政府最关注的问题。改革开放以来，让老区人民分享到改革开放的成果，建设与发展长汀，更是牵动许许多多人的心。就在万人瞩目中，长汀建设发展的奇迹出现了。

　　2003年，长汀的财政收入还不超过五亿元人民币，到2005年，仅仅两年之后，长汀的财政收入已达到十亿八千万元。发展如此迅速，让人难以料想！2005年4月，福建省政协主席陈明义、省人大常委会副主任黄贤摸、副省长李川、省政协副主席叶家松一行，先后考察长汀，深入长汀腾飞经济开发区调研，解读腾飞的"长汀现象""长汀经验"的奥秘。最关键的因素是长汀腾飞开发区的成功建设与运作，这块山坳中的经济开发区，已成为闽西非公有经济的聚集地。2002年以前，入园企业仅四十八家，到2005

年4月，园区内落户企业已达一百零八家，入驻的是沿海地区有实力的著名企业，开发区累计吸引投资十二亿元，年产值十亿五千万元，税收三千零八十三万元。腾飞开发区的发展，都与蔡天守紧密相关，和他的天守集团紧密相关，他在长汀被称为编外"招商局长""长汀经济发展的第一功臣"。

红土地上的感动

2001年，福建省委省政府发布关于进一步加快山区发展，推进山海协作的若干意见，意见指出：我省沿海和山区在资源条件、产业结构、开放程度、市场开拓等方面存在许多互补性。加快山区发展，推进山海协作，有利于沿海和内地山区按照生产力合理布局的要求，从各自的地理区位、资源优势、交通条件及经济发展的现实基础出发，确定经济发展的方向和重点，形成各具特色的区域经济分工协作格局，也有利于冲破旧体制的束缚，克服条块分割、地区封锁的弊端，发展大生产，促进大流通，促使山区和沿海各种生产要素顺畅流动，不断调整优化山海经济结构，拓展山海经济发展空间。

2003年，蔡天守参加福建省第十届人民代表大会，时任福建省省委书记宋德福参加泉州代表团的审议工作，发表了关于推进山海协作的讲话，要求各位代表提出意见。作为沿海地区的企业家，蔡天守直率地向省委书记提出："很多沿海企业，特别是劳动密集型企业往省外搬迁，如果可以把这些企业留在福建省内山区城市，这对省内沿海及内地的经济与就业平衡发展将会有很大的促进作用，从而实现沿海带动山区发展。"他说："沿海与内地

应该加强信息政策的及时交流对接，加强互动合作，这样会大大增加沿海企业落地在福建省内山区的机会，而不是往省外转移。"蔡天守的发言当场得到宋德福书记的赞扬与肯定。

那时，蔡天守还没有要在省内山区安营扎寨的想法。江西省委省政府正大力开展招商引资，赣州和抚州两地的市委市政府领导亲自前往晋江拜访蔡天守，以特别优惠的条件与政策吸引蔡天守到江西投资。在江西这些市县领导的多次热情邀约下，蔡天守决定到赣州和抚州考察投资环境，有意要将部分企业迁往江西内地，这既能促动劳动密集粗放型经济模式的改革，转移劳动力，更能拓展天守企业的业务空间与市场空间。就在蔡天守前往江西赣州的行程中，他经过与江西交界的古城长汀，途中下榻于长汀宾馆。长汀县领导得知蔡天守路过长汀的消息，他们找上蔡天守，希望他能在长汀逗留几天，看看长汀，了解长汀，考察考察长汀的投资环境。蔡天守临时改变主意，决定从江西返回，这就在长汀多停留了一天。从赣州和抚州返回福建时，长汀县主要领导亲自接待蔡天守，陪着他考察了当时长汀重点开发的长汀腾飞经济开发区。

这时，福建省正在全面推进海峡西岸经济区建设，长汀县委认识到这是长汀难得的发展机会，就像二十世纪八十年代的沿海地区一样，谁能抓住机遇，谁就能取得主动权，谁能优先承接新一轮产业转移，谁就有可能成为现在的晋江、福清，县委县政府有责任也有义务带领干部群众抓住这个机遇，腾飞经济开发区就是在这样的发展思路中开辟出来的。但在腾飞经济开发区建设初期，长汀的招商引资并不理想，不是进驻的企业规模小，就是企业入驻了还想打退堂鼓。一边是县领导摩拳擦掌，纷纷外出招商引资，一边是来考察的企业多，真正落地的少。但红色土地上的长汀县领导并不气馁，他们盯住从沿海地区向山区转移的项目，重拳出击，通过打造承接平台等多种方式来增强对沿海企业的吸引力。蔡天守这位晋江的名牌服装企业老总经过长汀，正在运筹帷幄中的长汀县领导是不会错过他的。

在长汀县领导的热情接待与极力挽留下，蔡天守将逗留长汀一天的行程改为两天，他用两天的时间将这块红色土地踏了个够。这次长汀之行，给蔡天守留下三个深刻的记忆，蔡天守用一句话来概括：真是一穷二白！他印象中当年的长汀，一是房地产萧条，房地产售价每平方米一千至两千元，满大街挂满房产横幅广告；二是食宿便宜，环境最好的长汀宾馆，一间大床房一个晚上的房费是五十元；三是整个腾飞经济开发区一条水泥路都没有。

这三个深刻的印象让蔡天守感到揪心！老区贫困，老区人民为革命的胜利出生入死，今天却依然过着比沿海百姓贫穷得多的生活。一时间，帮助老区人民的想法从他的心底油然而生，作为一个先富起来的福建人，应该为福建的老区人民考虑，有能力帮助革命老区的人民群众就业，带动当地经济发展，也是自己应该尽的义务。留在长汀老区，做点力所能及的事情，这个初心，就在这偶然的路过时产生。蔡天守改变了去江西投资的计划，决计挥师闽西，到革命老区发展。

此时长汀腾飞经济开发区依然泥路纵横，尘土飞扬，周围杂草丛生，开发区甚至连一份完整的规划图都没有，与沿海地区五通一平的开发区简直是天壤之别。但长汀县委县政府领导的使命感与责任感，老区人民可贵的奋斗拼搏精神和淳朴诚实的品格都让蔡天守感动，让蔡天守看到希望。

151

在长汀考察时，蔡天守深切感受到长汀县领导对红土地的热爱，他们为这片红色土地的发展焦虑，为它谋划劳作，不惜一切推进工作的进展。有一次蔡天守对陪同的副县长说："你看看你们的开发区、工业区，连水泥路都没有，怎么会有人来投资？"副县长立即承诺一个礼拜后改变现状。他说："一周之后你再来看，水泥路要是还没有铺起来，你可以骂我。"一周后，蔡天守再次到长汀时，开发区里水泥路已经四通八达，连接开发区的各个角落。那时，长汀县出台了一系列承接沿海制造业项目的扶持鼓励政策，"吃饭财政"的长汀，竟然挤出政策性补助两千万元，以县财政的五分之一来激活长汀的经济发展。这让蔡天守看到基层政府的勇于作为，看到长汀机关高效的办事效率。

在长汀宾馆下榻用餐时，蔡天守看到服务员忙来忙去，很敬业，就随意地问服务员："小姑娘，你一月工资多少？"服务员很爽快地回答："不多，宾馆包午餐，一月还三百五十元。"听服务员的回答口气，她还是很满意这个待遇的，而当时在晋江，像这样的服务员月工资已经超过一千两百元。相比之下，蔡天守立即意识到，长汀劳动力的便宜程度是他没估计到的。长汀是福建省的第五大县，劳动力资源丰富，当沿海地区的宾馆服务员工资已经是一千两百元的时候，长汀的服务员却拿着每月三百五十元的工资而满意地为人服务。红色土地上劳动人民的品格和人格很让蔡天守感动感恩。

有一天，蔡天守驱车经过长汀，由于长汀收费站前的道路正在改造，车辆通行必须从村庄穿过绕道而行，他的车开进坎坷不平的村庄道路，不小心陷入大坑，动弹不得。村民们看到后，立即围拢过来，挽起袖子，齐心协力将小汽车从坑里抬出来。为了表达对村民的感谢，蔡天守当时就掏出一叠钱，要给村民作为报酬，村民们则笑了笑摆摆手，婉言谢绝了。一件小事，让蔡天守看到老区人民的品格，心里很是感动。

这一切实际暗含着蔡天守对于革命老区与老区人民的敬重。贫苦中成长起来的蔡天守天然有改变贫穷的冲动，他与这块不寻常的土地有着说不清楚的天然联系。在考察完长汀，尤其是那块虽然不让人满意的但已经透着勃勃生机的长汀腾飞经济开发区后，蔡天守表示要来长汀老区创业，他说："无论如何，我一定要为这块红军生活过的地方贡献自己微薄的力量。"

蔡天守决定，以晋江总部为窗口，以长汀为生产基地，以织造为本，走新型工业化的道路，投资长汀，推动企业的产业再造。

撑起红土地纺织的"半壁江山"

投资长汀，以织造为本，这个决定与整个长汀的发展相吻合，相辅相成。

二十世纪九十年代，长汀的纺织厂数量少、规模小，效益也不是很好，苦于发展无路的长汀决策者，却敏锐地觉察到劳动密集型的针织业适合有充足剩余劳动力的长汀。进入二十一世纪后，沿海企业的转型，意味着劳动密集型的产业不再适应沿海地区的发展需要，向内地山区转移劳动密集型产业，像纺织业，成了沿海发达企业必然的选择。这期间，打造承接沿海企业转移的发展平台，成了山区经济发展的重要切入口。因此，根据长汀的历史与现实情况，长汀决策者将劳动密集型的针织产业作为主打产业，提出建设"万台针织城"和将腾飞经济开发区打造成华东最大针

织城的目标，出台了一系列扶持鼓励政策，这个"吃饭财政"的长汀，每年挤出县财政的五分之一两千万元，来扶持鼓励打造产业发展平台。长汀的目标是重拳出击，做强做大针织产业。但在企业家看来，长汀既不产棉花，又无交通便利，谁愿意千里迢迢跑到偏僻的山城投资办厂？

面对着这个困境，当长汀的决策者知道蔡天守经过长汀，他们死活要把蔡天守这位晋江服装业的大佬留住，最终把蔡天守和长汀绑在一块，长汀也被蔡天守当成第二故乡。

2003年，天守企业在长汀投资八千多万元，买下长汀腾飞经济开发区已经倒闭的县人造板厂，占地八十六亩。对人造板厂进行改造，使之成为可供大规模生产的服装厂房。这次改造，单是清理厂里积淀下来的垃圾，就运掉两千多车，蔡天守让这个死去的工厂重生，机器又发出轰鸣声。紧接着，从自己投资纺织厂的规模出发，天守企业兴建了两栋占地十一亩多的新厂房，改造老厂房，建设新厂房，原本无人问津的腾飞经济开发区，因为天守企业的进驻，一下子热闹起来。

经过一番基础建设之后，2003年12月24日，福建天守服装织造发展有限公司在长汀腾飞经济开发区成立，这是长汀腾飞经济开发区的重要事件，意味着长汀决策者们关于打造华东最大针织城的梦想正在一步步成为现实。2004年年初，天守服装织造企业正式开工，在长汀当地招收一千两百名员工，有效地解决了农民与居民的就业问题。同时，蔡天守还从晋江总部调来一百二十多人进驻长汀企业，负责生产管理与员工培训。很快地，天守服装织造有限公司生产的服装品牌，便从山城长汀运出，远销美国和英国等欧美国家，远销东南亚国家，长汀生产的服装，走向全球

福建天守服装织造发展有限公司（长汀）

福建天守服装织造发展有限公司生产情景

二十多个国家与地区。

在天守服装织造有限公司的带动与影响下，长汀县的招商引资摆脱以往"有人过问，无人投资"的困境，针织产业来者更多更踊跃，明显地从针织业跨向服装产业，以服装为主的产业迅速形成集群，与服装相配套的产业链问题也随之突出。看到整个长汀在开发区带动下良性发展，蔡天守心里暗暗为这座红色古城高兴。为构造完整的产业链，2004年4月，蔡天守再次投资两亿多，设立福建天守纺织新材料有限公司，让腾飞经济开发区的针织基地成龙配套，蒸蒸日上。天守纺织新材料是服装织造的上游产业，占地二百八十八亩，建筑面积十三万平方米，首期项目于2005年9月正式生产，生产各种纱、线、布、面料等服装所需的产品，为一千八百人提供就业机会，成为长汀县纺织产业的龙头。

蔡天守对长汀经济建设的支持不遗余力，把长汀当作第二故乡。服装织造是当年长汀重点打造的产业，但服装织造所需的辅料喷胶棉还得从晋江购买，单单从晋江到长汀的运输费就是一笔不小的费用，为了更好地配套长汀的服装产业链，长汀县领导再次找到蔡天守，动员他投资设立一条喷胶棉生产线，既能为天守服装织造公司提供配套，还可以为长汀其他服装工厂提供辅料，降低长汀服装织造产业的生产成本。2004年7月，天守纺织新材料公司创立四个月，蔡天守又投资一千五百万元，创办龙岩市第一家喷胶棉厂——福建天守喷胶棉发展有限公司，专业化生产服装行业系列用棉，包括喷胶棉、针棉、软棉等，为服装、鞋、箱包、沙发、坐垫等生产企业提供配套原材料。

为促进长汀针织、服装产业的发展升级，2008年，蔡天守再次投资八千万元创办福建天连化纤发展有限公司，这是闽西第一

福建天守纺织新材料有限公司（长汀）

福建天守纺织新材料有限公司的生产场面

家无纺布专业生产厂家，这填补了龙岩市无纺布产品的空白。由此，天守企业为长汀建设华东最大的针织产业基地奉献成龙配套的系列产业链。《福建日报》2005年4月以"发展，重于一切"和"环境，发展的支撑"为题，就"解读'长汀现象'"特别点出："天守企业落户长汀后，已投资三亿多元，兴办了天守服装织造公司、喷胶棉厂、天守纺织新材料公司等企业。"

五年时间，蔡天守以其对革命老区的挚爱，对老区改革开放事业的衷肠，沿着长汀的顶层设计，进军纺织产业，无论是数量还是质量，无论是品种的开发还是品质的提升，都在整个龙岩地区发挥举足轻重的作用，当地政府经济建设的主管部门评价蔡天守及其企业："一家天守，撑起龙岩纺织行业的半壁江山。"

第八章
奏响"山海协作"交响曲

担任老区编外"招商局长"

2018年2月12日，《光明日报》第一版刊登题为"福建持续推进山海协作对口帮扶"的通讯，作为该报开辟的"在习近平新时代中国特色社会主义思想指引下——新时代新气象新作为"的重点文章。通讯详细地讲述了福建省县域经济领头羊、沿海开放前沿晋江市与福建省二十三个扶贫开发重点县之一、深居老山腹地的中国革命圣地长汀"山海手牵手，奔着小康走"的山海协作故事。文章写道："如今，晋江与长汀的山海协作从纺织服装、农副产品加工、机械电子等延伸到旅游、农业开发、人文交流等领域。目前，晋江在长汀投资两百多家企业。日前揭晓的2017年福建经济实力十强县（市）中，晋江与长汀双双榜上有名。晋江仍然位居经济实力'十强'县（市）榜首，长汀也再次摘取了经济发展'十佳'县（市）的桂冠。"

福建的山海协作，是福建省振兴乡村，打好扶贫攻坚战的重大举措。为了更好地把"山"边的资源、劳动力、生态等优势，与"海"边的资金、技术、人才等优势有机结合起来，在跨入新世纪之后，福建省从二十世纪八十年代念起的"山海经"出发，演奏起山海协作曲，使其持续发展，不断深化。党的十八大召开以来，尤其党的十九大提出打好扶贫攻坚战、施行振兴乡村战略以来，福建省更努力深化山海协作的内涵与模式，注重把扶贫重点县作为突破口，补强薄弱环节，解决发展"短板"，实现区域经济协调发展。沿海发达县域晋江与革命老区长汀是福建第一组实行山海协作的县域，也是山海协作的成功典范。今天，"财政吃饭"的贫困县长汀已经变成福建"经济发展的十佳县"，经济社会一片繁荣。长汀的发展，靠的就是山海协作，靠的就是与晋江携手攻坚。2013年9月6日《人民日报》(海外版)刊发报道《晋江—长汀，携手演绎新"山海经"》："晋江在长汀投资的企业有一百七十九家，总投资八十五亿元，年产值八十亿元，年纳税两亿五千万元，解决了当地四万人就业问题，涉及纺织、皮革、机械、食品等十多个行业。"依靠山海协作，晋江、长汀共同演绎了现代的城市协奏曲。

正如《人民日报》这篇长篇报道所披露的，晋江与长汀的山海协作，最早的起因是："2003年4月，一个偶然的机会，前往赣州市考察投资环境的蔡天守路过民风淳朴的长汀。他判断这是一块投资洼地，当即决定在长汀投资办厂。"晋江与长汀的山海协作由此拉开序幕。

蔡天守的到来，给长汀的地方经济带来前所未有的大发展，但他对此并不满足，他要为这片曾经经历过血与火的洗礼、为中国革命胜利做出杰出贡献的土地做出更大的贡献。改革开放中的长汀，需要更多的企业与资本参与，老区经济社会的变化需要更多的企业共同撑持，蔡天守想起他的闽南企业家朋友们。他回到晋江，挨家挨户地拜访朋友企业，他们有服装业的翘首安踏集团、利郎男装，有食品业的大腕盼盼集团，上百家晋江企业被蔡天守

说动。蔡天守亲自陪同企业家们前往长汀腾飞经济开发区考察投资环境，走访长汀有关部门了解相关政策、工作作风，苦口婆心地为企业家朋友介绍长汀的发展，讲述自己支持老区建设的衷肠。同时，他对长汀腾飞经济开发区的基础设施建设提出具体建议，促进长汀政府改善投资环境，以迎纳更多更有实力的企业家的投资。这一时期的蔡天守将更多的时间和精力用在为长汀招商引资上，长汀的招商团队到晋江宣讲招商时，他又以晋江与长汀双方东道主的身份，陪同招商团队走访晋江企业家，在长汀与晋江之间，在政府与企业之间牵线搭桥，有效地促进了晋江与长汀山海协作关系的建立与发展。

2004年春节的第二天，蔡天守抓住企业家朋友在家过春节的机会，带着四个企业家朋友赶向长汀。那时，晋江与长汀还没有高速公路，汽车疾驰，来回也需十六个小时。为了能当天就赶回晋江，以便企业家们处理其他的事情，他们凌晨四点就出发，一路疾驰，驱车连续赶了八个小时的路程，从温暖的闽南来到风雨夹雪的山城，在气温零度以下的长汀考察腾飞经济开发区，与长汀相关领导座谈，在很短的时间内作出重要的投资决策。

天守集团党支部书记黄振添记得，2007年高速公路通车之前，为了帮长汀招商引资，蔡天守驱车在闽南与长汀之间跑了一百多趟，"活活"跑坏一辆"奔驰"车。

就这样，蔡天守以自己的现身说法，以自己的真诚，以商引商，以情引商，通过自己的热忱邀约与不辞劳苦的奔波，先后为长汀带来香港、台湾、泉州以及杭州等地的一百多家企业，一百多位企业家来到山城长汀考察，洽谈，投资兴业。在他的辛勤工

福建省长汀盼盼食品有限公司

安踏（长汀）体育用品公司

作下，从2005年开始，晋江企业大规模进入长汀，进驻长汀腾飞经济开发区的企业包括安踏集团、利郎男装、盼盼食品、浙江冠南、天连纺织等这样的大型企业，这些企业累计在长汀投资了一百亿元，企业投产运营后，即刻给老区人民带来两万多个就业岗位。而且，龙头企业挥师长汀，随之而来的就是系列配套产业，一家晋江的龙头企业进驻长汀后，往往会带动二十多家配套企业跟进，这些企业给长汀带来一个又一个完整的产业链。纺织、服装、食品、鞋业、汽车配件……这些由晋江带到长汀的著名产业，从无到有，生根开花，壮大发展，成为长汀制造业的顶梁柱。长汀得以进行从未有过的跨越式发展，形成长汀现象、长汀模式、长汀经验与长汀精神，长汀也因此由劳务输出大县一跃成为劳务输入大县，长汀成为闽粤赣边界经济社会、发展的一朵绮丽之花。

长汀这朵改革之花，其盛开离不开蔡天守这个长汀投资第一人的努力，更离不开蔡天守为长汀的招商引资做出的努力，长汀人，从政府官员到企业界的朋友员工，都亲切地称呼蔡天守是长汀的编外"招商局长"。

"长汀模式"的第一功臣

所谓"长汀模式"，实际上就是依靠外来资金、技术人才优势，发挥长汀劳动力、资源与自然优势，实现优势互补，通过"输血"启动经济社会发展，为长汀建构起"造血"的经济体系，振兴红色土地，实现八闽大地沿海与山区的协调发展。这个模式，实际上也是福建山海协作的模式，发达的沿海县域与革命老区贫困山区的山海协作历程，也是从民间到政府，从"输血"到"造血"

的持续发展过程。

2003年，蔡天守开始在长汀投资，此时，长汀的决策者很有雄心壮志，他们开辟腾飞经济开发区作为发展平台，力图让这块平台发生企业集聚效应，但效果并不明显。他们东引一家企业，西引一家企业，引进来的企业相互缺乏紧密关联，久而久之企业就会萎缩，平台也留不住人，发展也就没了根底。在长汀投资的蔡天守看到问题的症结，他明白发展长汀的关键在要构建造血功能，长汀的经济开发区平台要发展，就必须建构起完整的产业链，形成产业聚集效应，让长汀的经济持续健康发展。于是，他凭着自己长期从事服装织造的经验与人脉，带泉州、晋江、香港、杭州、台湾的企业来长汀投资，到这块革命老区的土地上安营扎寨。从长久发展出发的"造血"行动，也促成长汀的决策者确立了建设"华东第一针织城"的长远目标。

蔡天守便是建构长汀针织产业链的功臣，2003—2005年，天守企业机构率先在长汀建构自己的产业链，两年之间，他投资三亿多人民币，兴办天守服装织造公司、喷胶棉厂、天守纺织新材料公司等企业，带动安踏、利郎以及香港、杭州、泉州等地一百八十多家相关企业投资长汀腾飞经济开发区，形成完整的针织、服装产业链，保证了平台的建设与长久发展，保证腾飞经济开发区能为整个长汀经济社会造血。

蔡天守带头投资，让长汀的腾飞经济开发区拥有最初的针织产业链条，蔡天守这位编外"招商局长"的招商引资，使长汀在很短的时间内就聚集起一批著名企业，仅仅两年时间，长汀腾飞经济开发区的相关产业链便迅速形成，打造出以山海协作为核心，重在"造血"的"长汀模式"，这个模式告别过去那种"输血式""支援式"的扶贫，采取可持续的"造血式"投资建设，授之以渔，给福建省乃至全国其他地方的地区合作提供了可资借鉴的范本，事实证明，晋江与长汀的山海协作实现纺织业从沿海到内地的承接和转移，不仅为老区人民提供就业机会，也给长汀县带来强劲的经济增长动力，促进了相关行业的繁荣昌盛，取得巨大成功。山城因为有蔡天守而热闹起来，长汀因为有蔡天守而得以健康地发展。时为福建省委书记的卢展工对长汀两年时间中的跨越式发展深有感触，当他知晓蔡天守在长汀发展中发挥的作用之后，多次在会上称赞道："蔡天守是龙岩市经济发展的杰出人物，是长汀经济发展的第一功臣。"

2004年4月，福建省总工会授予蔡天守"福建省五一劳动奖章"。2006年年初，为宣传长汀经验、长汀模式，福建海峡卫视在长汀现场直播"魅力长汀"，蔡天守被邀请作为采访嘉宾，在电视观众面前展示长汀编外"招商局长"的风采，他满怀热情地向观众介绍自己在长汀投资、创业，当他谈起在革命老区的那份心思时，他真诚地说出心里话："只要长汀人民有需要，我愿意一直免费担当长汀形象代言人，为革命老区的经济发展鼓与呼。"

对这位以实际行动与实际效益助推革命老区发展的功臣，龙岩市也给了他特别的荣誉。2006年11月，龙岩市人民政府授予蔡天守"龙岩市荣誉市民"荣誉称号。2008年11月16日，龙岩市人民政府颁发第347号文件，任命蔡天守为龙岩市招商与投资顾问。与此同时，长汀县委组织部专门下达文件，任命蔡天守为长汀省级开发区工贸新城的管委会主任（副县长担任常务副主任）。任命外来企业家担任地方的实职，这确实属于全省首例，但它也说明长汀县委县政府对蔡天守贡献的充分肯定。

2009年1月15日，在福建省第十一届人民代表大会二次会议上，蔡天守从自己投资长汀、唱响山海协作的收获与体会出发，总结了山海协作的有效途径，提交了《关于加强山海协作，促进山区繁荣的议案》，议案提出，为全面繁荣福建经济，一，要由福建省政府牵头，建立沿海地区产业群与内陆山区城镇（乡）帮贫挂钩、结对，优势互补，共同发展；二，要发挥欠发达地区优势，学习长汀发展模式，提高"保姆式"服务的水平，加大珠三角、金三角的招商力度，引进先进技术，优化产业发展；三，各级政府要设立对欠发达地区，特别是原中央苏区县、革命老区的财政专项扶持，建设几个"加强山海协作示范园区"，以点带面，以面带片；四，建立规模企业投资意向信息系统，了解规模企业的投资意向，以引导规模企业投资省内内陆地区，增加山区就业与农民收入；五，拨出专项资金对山区投资项目进行贴息。蔡天守这个加强山海协作的议案，是在福建省唱响山海协作时候提出的，他最早提议进行山海协作，这是他在红色土地上奋斗多年的经验总结。他就这样带着对第二故乡的赤诚，处处想着这片红色的土地，想着这片土地上人们的生活与经济发展。

晋江经验与长汀精神

2012年4月，在经历过几年的民间山海协作之后，晋江市政府与长汀县政府签下《晋江市——长汀县对口帮扶框架协议》，这个山海协作的协议，约定实施五个计划，即优势产业转型升级计划、产业合作机制创新计划、生态建设修复计划、新农村建设促进计划和人力资源培训计划，以此实现两地资源互补、经验互学、工作互促、发展互利。晋江与长汀超越地理空间的山海协作，从民间上升到政府层面。在蔡天守与一批晋江企业家的先行先试的基础上，两地政府打破民间协作框架，直接进行"山海联姻"，将晋江与长汀的山海协作引向纵深，携手演绎山海协作的精妙乐章。那一年，福建省委省政府出台《关于深化山海协作的八条意见》，把二十三个扶贫重点县作为福建农村扶贫开发工作的主战场，长汀是扶贫重点县之一。晋江和长汀的山海协作之路，跨入新的阶段。正如《人民日报》（海外版）《晋江—长汀，携手演绎新"山海经"》一文所说："如果说晋江企业扎堆前往长汀投资，是市场'无形之手'在发挥作用；那么，随之而来的两地政府携手跟进，则是'有形之手'发力。"

作为晋江—长汀山海协作的象征，2013年两地共同建设晋江（长汀）工业园区，这个园区规划总面积一万五千亩，意在打造"龙岩市加工贸易梯度转移重点承接核心区"，也结合打造山海协作重要平台。园区落户企业近百家，总投资近五十亿元，安踏服装、盼盼食品、华平、金龙稀土、荣耀、宏鑫、飞驰、海华等上规模的闽南企业，犹如一颗颗耀眼的明珠，镶嵌在工业园区。据统计，园区吸纳就业人员三千多人，其中，县内贫困就业人员三百二十六人，园区内企业的产业延伸而解决的贫困人口就业六百四十三人。这个工业园区是第一批省级山海协作共建产业园区、省级农副产品加工实发园区，园区吸引了盼盼食品、经纬纺织、建蒙食品、金怡丰等一批龙头企业入驻，成为山海协作从"输血"到"造血"强本的典型。2016年，晋江（长汀）工业园区在全省二十一个山海协作共建产业园区考评中名列第三名。从蔡天守投资长汀到带动一大批晋江、浙江、台湾等地企业家扎堆长汀，从民间到政府，从"输血"到"造血"，晋江与长汀的山海协作不断实践，不断改善，除了常规的资金帮扶、经贸往来，两地还致力于旅游合作、农业开发、人文交流等方面的合作，山海协作的层面已从产业延伸到科技、人才、劳务、信息、贸易等多个领域，将单纯的企业帮扶发展成"政、企、民"的三维对接，双方亲密接触、动作频频，实现两地经济、文化的深度融合，达到真正的"强筋健骨"。

这样的两地深度融合更揭示文化精神协作的力量。作为最早从原有的经济体制中"杀出一条血路"的沿海开放区域，晋江有人人都点赞的"敢为天下先，爱拼才会赢"的晋江经验与晋江精神，正是靠着这样一种专注奋斗、不怕挫折失败、瞄准时代鼓点攻关克难的精神，晋江才闯出独具特色的经济发展道路。曾为中央苏区的长汀，拥有在任何艰难困苦中都能顽强奋斗的精神，"滴水穿石，人一我十"，靠的就是红色苏区从革命的血与火中淬炼出来的坚韧意志与不怕艰苦勇于牺牲的精神，这种精神，让苏区人民即使在腥风血雨中也向往光明，也要艰苦奋斗，执着地去追求胜利。蔡天守从自己的亲身实践出发，深深地体会到：自己在长汀的成功，晋江与长汀山海协作的典范，是晋江人"敢为天下先，爱拼才会赢"的顽强拼搏精神与长汀人"艰苦奋斗、勇于牺牲"的革命精神融合发生巨大威力的结果，晋江与长汀精诚和谐，共同奏响山海协作交响曲，书写"以海带山、以山促海、山海共赢"的崭新篇章。

第九章
把长汀当成第二故乡

创立龙岩第一个异地商会

蔡天守甘当长汀编外"招商局长",以自己的努力与真诚,带动晋江、泉州等地闽南商家聚集山城长汀,作为长汀发展的第一功臣,他用自己的人格魅力与深情厚谊,为晋江—长汀的山海协作开了个好局,为两地政府的合作打下良好的基础。当人们赞扬他这些显而易见的功绩时,蔡天守会说:"谁不想自己的家乡好,我已经把长汀当成第二故乡。"

在蔡天守的生命中,感恩是最重要的生命因素,饮水思源,感恩时代与社会,是蔡天守经常挂在嘴上并付诸行动的方式。在地处闽粤赣三省交汇处的长汀,蔡天守的企业却实现巨大的发展,在长汀,与长汀的经济社会腾飞一样,他的事业经历跨越式发展,他感恩这块红色的土地,感恩这块土地上的政府与人民,他把这块土地当成第二故乡,他要为这块土地做更多事情。

2005年9月,经过蔡天守的激情发动与细心筹备,龙岩第一家异地商会——长汀闽南商会隆重成立,蔡天守高票当选为首届会长。此时,由于蔡天守的带动,长汀逐渐成为泉州及闽南地区产业转移的热点区域。以丁世忠、蔡天守、蔡金坡、王良星、王一平等为代表的知名闽南企业家,秉承"爱国爱乡、海纳百川、

171

长汀闽商商会隆重成立

长汀闽南商会会员投资项目签约仪式

乐善好施、敢拼会赢"的福建精神，迈进长汀这片古老的红土地，投资兴业。长汀这块红色土地以其独特的投资环境迎来越来越多的闽南商家，在产业转移与产业结构调整中，闽南沿海的企业将眼光投向长汀山城。为了更好地整合日益增多的企业资源，促进沿海地区与山区的协调发展，帮助投资企业理顺与政府部门的关系，加强企业与政府的密切沟通，配合政府改善投资环境，壮大闽商实力，改善整体形象。蔡天守与一群闽南代表企业家，按照珍惜机遇、优势互补、重点推进共谋双赢的思路，在长汀县委县政府的关心指导下，成立长汀闽南商会。

长汀闽南商会伴随着建设海峡西岸经济区战略构想的进一步实施而成立，它呼应了中央建设海峡西岸经济区这一战略。蔡天守在成立大会上表明：这是龙岩的第一个异地商会，是"为了响应省委省政府的号召"，按照"总部设闽南、基地分布全国"的方针，为日益增多的到闽西寻找商机的闽南商家服务，其目的是发挥闽南商家的集聚效应、联动效应、协作效应，促进区域经济发展，全面提高长汀老区与投资企业的层次与水平。在成立大会上，蔡天守代表闽南企业家抒发对长汀老区的深情："长汀是国家历史文化名城，是客家文化的发祥地，风景秀丽，民风淳朴，是一个山好水好人更好的地方。"他说，闽南商家乐意于投资长汀，"我们被长汀县委县政府狠抓实干的精神所感动，并且得到长汀县委县政府和社会各界的真诚欢迎和大力支持，为我们营造了良好的投资环境"。长汀县委县政府鼎力支持，所以闽南的企业在长汀的投资项目"发展非常顺利"，他称赞长汀"有着非常浓厚的亲商、扶商、富商氛围"，这让闽南来长汀投资的企业家"对长汀有了第二故乡的感觉"。闽南商会就是为闽南商家与第二故

长汀闽南商会首任会长蔡天守在成立大会上发言

乡的紧密关系而组建的。会上，蔡天守还表达了自己作为首任会长的激动，他"深感作为首任会长，任重道远，发展在望"，今后，"将秉承本会宗旨，依靠和发挥全体会员的智慧和力量，努力把商会建设成为会员的港湾、政府的助手、招商的平台、扬帆的口岸，为加强长汀和闽南沿海经济合作发挥桥梁和纽带作用，促进山海协作，坚持互利共赢，实现闽南与闽西的共同发展"。

闽南商会的成立，在长汀与闽南的企业界都引人注目，它是龙岩第一家异地商会，肩负着促进两地经济发展的使命，它是会员的港湾、政府的助手、招商的平台、扬帆的口岸，其成立确实助推山海协作的进行和长汀的经济腾飞，帮助长汀招商引资迈上新的征程，转入快车道。2014年2月7日的《闽西日报》报道，到2013年，闽南商会就有会员四百零九人，会员企业家一百六十二家，他们在长汀的总投资增至七十二亿元人民币，年总产值增至九十多亿元，年贡献税收四亿元，解决了当地五万余人的就业问题。在长汀县的四大主导产业中，闽南商会会员企业成为各产业的龙头产业，如稀土产业的金龙稀土，纺织产业的鸿程、荣耀、安踏、华平、海华、冠龙，机械电子产业的飞驰，农副产品加工产业的盼盼食品等。2013年，全县三十四家亿元产业中，闽南商会企业就占到二十七家，其中金龙稀土、长汀盼盼分别完成产值二十一点九九亿元和六点四三亿元。商会成立后，因为名企业的集结效应，长汀县连续三年（2005—2007）蝉联"福建县域经济发展十佳县"。

闽南商会成立后，团结了在长汀的闽南企业家，还延伸设立闽南商会慈善会，蔡天守身先士卒认捐，总共募集了五千零一十二万元慈善基金，用于红土地上的救灾、扶贫、助残、助学

等，成为闽西革命老区百姓口中的美谈。

"政府搭台，商会唱戏"，在闽西山歌戏与闽南梨园、高甲戏的协作中，长汀闽南商会发挥了桥梁与纽带的特效。

给长汀做一张"新名片"

短短的两年，在蔡天守的协助招商下，长汀先后引进两百多家企业，形成服装纺织与机械制造两大产业集群，慕名前来长汀县参观、考察、投资、创业的客商络绎不绝。而且，一个明摆的现实是，长汀是一座古城，是客家文化积淀深厚的古城；长汀还是中央苏区所在地、革命的圣地、历史古城，这都是无与伦比的旅游资源，一旦经济社会发展了，长汀将是闽西的旅游热地。无奈的是，长汀县城里，宾馆、酒家不多，上"星"级的更是少之又少，这让到长汀考察的客商颇有怨言，更不要说将来发展旅游业了。

于是福建省的领导与长汀县的领导多次找上蔡天守，动员他作为表率在长汀兴建星级酒店。此时蔡天守已在心里将长汀当成第二故乡，长汀已经成为蔡天守生命中不可或缺的一部分，第二故乡的市政、第二故乡的美，与其经济社会发展一样，都成了这位异乡人牵挂的事情。蔡天守考虑到：建一座星级酒店，不仅能改变当地没有高星级酒店的窘境，也将极大改善城市的品牌形象，更重要的是，既能助推更多客商到长汀投资的信心，又可解决当地近千人的劳动力就业问题。蔡天守起了兴建星级酒店的念头。

他特地委托专业机构出具在长汀建酒店的可行性报告，土建工程费、配套设施工程费、装修费一一作了预算，并预测所需的

长汀天守金仁大酒店

长汀天守金仁大酒店内景

流动资金及未来经营的情况，形成详细的报告。可行性报告出来后显得有些不可行，报告明确指出，由于目前长汀的消费水平低、企业少、外来人口少，酒店至少面临八年的亏损，八年的总亏损额预测为六千八百万元。

但这份预测亏损的报告并没有使蔡天守退缩，"无论能否盈利，都应该为长汀做一张新名片，做我力所能及的事情"，蔡天守决定还是放手一搏。

2006年3月，长汀火车站对面，一片热火朝天的建筑景象。蔡天守投资两亿两千万兴建天守金仁大酒店，这是龙岩首家四星级酒店。酒店总建筑面积三万多平方米，酒店主体建筑面积两万多平方米。两年后，酒店落成，共有一百九十二间客房，拥有可容纳八百多人同时用餐的大型宴会厅，可接待五百人的多功能会议厅，有可接待三十五人的商务洽谈室、可接待二十五人的高级会议洽谈室，除了二十间中餐包厢外，还设有西餐厅、大堂吧、咖啡厅、KTV包厢、休闲会所，酒店还设有大型地上、地下停车仓储等配套设施。天守金仁酒店建成后，偏僻的长汀山城有了集商务旅游、住宿、会议接待、中西餐饮及娱乐休闲于一体的豪华酒店，山城的百姓，为自己的县城有了这么一座要在大城市里才看得到的建筑而欢呼，而感到骄傲，他们因为自己的县城有了地标式的建筑而感谢蔡天守。长汀县的招商引资、旅游开发的接待品质也因此提高不少。

本着立足长汀，服务外来创业者的理念，酒店高薪聘请沿海发达城市酒店专业管理人员，组成高层管理队伍。酒店与长汀职业技术学校合作，建立人才培训与供应渠道，形成既有长汀本地特色、又具备沿海开放城市先进管理理念的管理模式。

自2008年年底开业以来，酒店成功接待各级政府部门及四方客商，圆满接待了《共和国摇篮》摄制组、联合国农业考察团及闽南商会会议参加人员，备受好评。

为第二故乡增设一张名片的心愿也落实了，看着崭新的地标天守金仁酒店，蔡天守心里自然很欣慰。

"三不做"原则与房地产开发

二十一世纪最初的几年，全国的房地产业继续升温，一批又一批的企业家涌向一二线城市，投标争地，竞相建房，一个个花园、一座座小区应运而生，一栋栋楼房在城市的中心、外围争相辉映，城市的房产业顺风顺水地跨越发展，意味着生活的改善，也意味着住房价格的不断飙升。作为企业家，不进入房产业，同行们又不知会如何看。蔡天守也要进军房地产业了。

但地产热并非蔡天守进入房地产业的缘由。赚钱的生意无人不做，这是闽南人的口头禅，能赚钱的房地产，蔡天守也是要做的。2004年，蔡天守在企业经营范围内加入房地产开发这一项，但他投资房地产与别人不同，他投资有"三不做"，有三个灵感。

自2005年以来，在蔡天守的带动下，无论长汀，还是后来的厦门、漳平等地，只要他一打招呼，就先后出现泉州企业家扎堆投资的现象。有人问他："为什么你每到一处，都不是一个人在战斗？为什么总能拉动一群人和你一起去投资？"面对这一"谜题"，为人豪爽、人缘颇佳的蔡天守道出谜底——坚守"三不做"原则。这"三不做"原则既是投资理念，也是判断项目投入与否的准则，坚持这"三不做"原则成为政府和企业同行都很信任他的理由。

这"三不做"很简单，但做起来要有较高的境界：

第一，不给政府加分的项目不做；

第二，不给社会加分的项目不做；

第三，不给企业加分的项目不做。

三个条件缺一不可。有损地方政府的名声，不能带动当地就业，又不能增加企业的社会口碑，就算容易赚钱，蔡天守也不会做。蔡天守说："只要违背这三个原则，就是开着车就能装一百亿元回来，我也是不会做的。"所以政府部门信任他，企业家朋友信任他，到哪里，都会有人跟过去。

投资项目确定后，应该投到哪里去？蔡天守也有讲究。项目放在哪里，蔡天守选择投资地点有"三个看"，一看城市交通枢纽，二看城市建设发展空间，三看城市外在的消费潜力。

之所以选择长汀，蔡天守说："对一个地方每个人的看法都不一样。当时我到长汀说要怎么发展，大家一直笑，在大家看来，那是个山区，革命可以，发展经济难。但我却奇怪，为什么大家看不到这座山城的前景，我怎么就看到了。要是等大家都看到那个地方的好我才上，我就没机会了。"蔡天守选择投资地的标准时常与别人不一样，选择投资设厂之地的方式也与别人不一样："我首先考虑的最主要因素是交通，城市交通枢纽是核心，要了解它未来三到五年的交通发展。"他之所以在长汀之后又选择到同样属于龙岩市的山城漳平投资，"因为漳平离泉州很近，双水高速如果通了，只要一小时。而且规划中有一条高速通厦门，漳平到漳州也是一个小时，规划中还有一条动车线，从深圳到上海，途经漳平"。他还认为："漳平话也属闽南语系，跟泉州一样，民俗文化也差不多。"看完交通设施，看城市的建设发展："第二看的是城市建设的发展空间，比如我刚进漳平时，房价每平方米才一千四百多元，过了几年房价就提高到每平方米四千多元了，要是你那时买，现在怎么样也不可能再降价，所以我在漳平发展是看到它的增长空间很大。"最后看消费潜力："第三，看一个地方外在的消费潜力。"他选择漳平是因为漳平和长汀有许多相似之处，都是闽西的落后山城，但长汀因为成功吸引大批沿海城市的企业家前往投资而很快就改变面貌，蔡天守说："漳平是落后，但再发展两年，就跟长汀一样了。以前长汀有十多万人在外面打工，现在十多万人回来了，这劳工也还是不够，还要从外面招来六万多工人，这部分人就是潜在的消费力量。"

凭借"三不做"与"三个看"，蔡天守的项目投资与项目选址都能获得成功，也影响一大批企业家与他携手并行，共同投资共同创业。

现在，蔡天守也要进军房地产业了，他召集房地产公司所有员工召开了一场严肃的会议，会议上总结提出天守集团开发房地产"三个心"的核心价值观：让老百姓买我们的房子开心，让政府放心，让企业家赚钱安心。按照他的"三不做""三个看"与"三个心"的原则，在进军房地产业时，蔡天守将开发地产的目标锁定在他的第二故乡——长汀，锁定在与长汀同属于闽西龙岩的漳平。这块红色的土地，他花了不少心血。在这块土地上发展房地产，为老区人民提供改善生活的住房，作为企业家，这是应该做的事，更何况房地产业正方兴未艾。但热门的地产却集中在城市里，大多数地产商都往热门城市钻，尤其像天守集团总部所在地厦门，那时的厦门，集中了大大小小、本土的与外来的地产商人。蔡天守则放弃熟悉的厦门与故乡泉州，将开发目标定于长汀及漳平，这是他经过深思熟虑的决策。

对于企业的发展决策，蔡天守绝不打无把握之战。他之所以选择在三四线城市投资房地产，是他认为，在三四线城市，即使楼盘销售出现最糟糕的状况，自己的企业也可以承受得住这个压力。选择承受得住的风险，承受得了投资的失败，才可投资新的项目，这是蔡天守的投资理念。房地产业是蔡天守初涉的行业，蔡天守最看中的是地域与地块的发展潜力，他说，对于投资项目："别人看没有，我们看有，那我们就比别人有优势。"而且，他认为，随着中国城镇化的不断推进，县域下辖的中小城镇将有巨大的房产需求，这就是蔡天守看到的潜在消费力。正是这样的考虑，蔡天守进军房产时并不到一二线城市与人正面竞争，而是避开竞争锋芒，转向第二故乡——地产商都瞧不上眼的山城长汀，在地产开发的几年实践中，他看到一个市场事实，总结出天守地产的一些理念："一线城市看建筑品质，二线城市看综合配套，三线城镇看销售价格。"天守地产要以价格的便宜、群众看得上买得起的优势来发展房地产业。这是天守房地产赢得县域城镇人们青睐的原因，是天守房地产业至今依然建设一片，销售一片的秘诀。

按照这样的思路，蔡天守开发的第一个地产楼盘自然放在长汀古城，取名为长汀宝珠世纪花园。2004年9月16日，蔡天守成立福建天守房地产发展有限公司，注册资金一千一百万元，在长汀专注于打造精品、高尚的人文居住小区。长汀宝珠世纪花园占地四万五千平方米，建筑面积七万多平方米，系当时长汀最大的商住精品小区。该小区环境优雅、舒适、安全，获得市委市政府及县委县政府的表彰，获得"优秀花园小区"荣誉。2005年3月30日，蔡天守再接再厉，投资亿元成立福建冠南房地产有限公司，招投标中标拿下长汀西外街冷冻厂一块地皮，在长汀这块未开垦的处女地上，成功打造出一个现代化精品小区，同样赢得不俗口碑。

在长汀兴建星级酒店和开发两个地产项目，并没有给蔡天守带来丰厚的收益，因酒店的投资大，入住房费低，酒店营业后的前五年基本处于亏损状态。再加上当时长汀的楼盘销售价格低，每平方米售价才两千到三千元。虽然钱赚得不多，但蔡天守却觉得通过几年的"试水"与不断学习，赚不到钱并不要紧，毕竟酒店经营也让自己得到了很多宝贵的经验，经验才是无价的财富。

2009年8月，蔡天守将房地产开发的目光投向另一个尚未被房地产开垦的处女地——漳平，由此设立漳平天守房地产开发有限公司，在前两次成功的基础上，他将注册资本提高到一亿元人民币，大举进入漳平市场。2010年3月，天守房地产取得漳平一地块，该地块建设用地面积八万五千平方米，总建筑面积约三十五万平方米。项目位于漳平市城北新区，毗邻火车站、动车站、漳平第二医院，区位条件优越，周边交通便利，商住教育配套齐全，在漳平新的商贸中心、行政中心、交通中心和文化中心崛起中，该项目具有极大的实际价值和最好的前景。项目规划建设二十五栋从十七层到二十七层的楼盘，取名为"天守阳光城"，是集商贸、住宅为一体的综合性高档小区。"天守阳光城"的规划、设计与建设，充分考虑漳平这样一个县级市城市居民的居住要求与前景，致力打造漳平市第一人居地标。中庭设有三万平方米的中庭园林，四百平方米的喷泉广场，单栋楼房最高近百米。2010年6月5日，天守阳光城正式开工奠基，项目分三期开发，每期开发约十万平方米。2011年12月，一期开盘，首日狂销三百多套，位列漳平市销售冠军。2014年4月，二期开盘，首日销售五成，

后基本售罄。2017年5月，三期陆续开工建设，2018年3月开盘至2019年7月销售率达九成，预计2020年交房使用。天守阳光城每一次的开盘，每一期的建设，蔡天守都严格要求，各方面亲自把关，不断改善整个楼盘的质量、管理和绿化，每一期都带给漳平老百姓不一样的感觉和期待，因此获得业界以及住户的一致好评。

在完成天守阳光城三十五万平方米开发后，2018年11月蔡天守在漳平投资兴建天守时代广场项目，总建筑面积二十三万平方米，项目预计总投资近人民币八亿元，将建成商业综合体，包含高层住宅、高端酒店、商业综合楼（内含超市、百货、电影院），打造宜居宜养的人文社区。天守时代广场将极大改善居民的居住品质，丰富居民的生活空间，争取成为漳平房地产典范大盘，为打造漳平市文旅产业，推进漳平市文化旅游产业高质量发展再铸辉煌！

天守时代酒店

天守时代广场

185

第四篇

撸起袖子创一流

Cai Tianshou

2005—2006年，天守集团连续两年登上《福布斯》中文版的"中国潜力一百强"，但光荣只意味着过往岁月的峥嵘。

发展出题目，改革做文章，世纪之思，引领时代之潮。天守集团以超强的市场敏锐力触摸到科技带动、创新驱动的转型大趋势。他们从"数控一代"入手，与安踏携手，实现服装织造的转型升级；他们以科技研发、创新产品引领市场，创立"中国名牌"高密度合成革企业，引领中国超纤合成革市场，建设中国最大最齐全的超纤合成革产业链生产基地。

第十章
天守服装的转型升级

携手安踏，1+1>2

2002年，时任福建省省长的习近平专程到晋江调研，在浔兴拉链厂会议室召开企业家经验交流座谈会。参加座谈会的浔兴拉链厂总经理施能坑后来回忆说："当时，习总书记很关心企业的创新和品牌发展，把生产车间都走了一遍，还饶有兴趣地询问工人的生产生活情况。在会上，习总书记反复强调企业要打造品牌，为民族品牌走向世界创造条件。"创新与品牌意识，是晋江许多知名民营企业早早意识到的企业发展方向。晋江的许多民营企业能在市场风浪中始终屹立于潮头浪尖，立于不败之地，不仅仅因为晋江人有永不言败的拼搏精神，还因为他们在市场竞争中不仅埋头拉车，还不忘抬头看路。

进入二十一世纪以后，企业转型升级的呼声一浪高过一浪。创新驱动，转型升级，打造品牌，追求产业的优质发展，这些企业发展的重大课题摆在沿海发达地区企业面前；尽快结束粗放型劳动密集型的发展途径，走质量效率集约型的发展道路，伴随着中国改革开放的发展与深入，这条路已经日渐清晰地摆在晋江企业家的面前。党的十八大、十九大召开以来，实现中华民族伟大复兴的中国梦走进新时代，加快推动企业的转型升级创新发展，

成为适应和引领经济发展新常态的根本之策，坚持以提高经济发展质量和效益为中心，努力实现发展动力从要素和投资驱动向创新和改革驱动跨越，创品牌，提品质，拓市场，实现从中低端向中高端跨越，打造现代产业结构，这是新时代企业发展的新方向新征程。

晋江的企业家们对市场十分敏锐，就在习近平同志为晋江企业指出创新与创品牌的发展举措时，安踏公司就在悉尼奥运会举办前后大胆开创以"体育明星+中央电视品牌"的推广模式，打造安踏企业品牌，其在央视一年的广告费就超过公司当年的利润，但其品牌营销引导安踏品牌走上中国之路与世界之路。同样是晋江民营企业，盼盼食品集团一直就将健康品质视为"食"的良心，"食"字，"人在上，良在下"，他们坚持全球优选原料，秉承"食品是做给家人吃的"的朴素生产理念，所以产品能在金砖国家领导人厦门会晤和上合组织青岛峰会等国际顶尖规格的舞台上大放异彩。从一条拉链做起，从一包餐纸做起，从一双鞋做起，从一件衣服做起，晋江的民营企业家们在激烈的市场竞争中，以创品牌为努力方向，以质量为"立命之本"而赢得国际国内市场。

服装纺织是天守集团的主业，服装纺织也是晋江最重要的经济支柱，晋江的服装主要销往东南亚、欧美等国外市场。但2006年以来，随着人民币的升值，服装纺织品出口的门槛提高了，尤其是各类"反倾销诉讼"事件接踵而至，国际贸易的壁垒一年比一年森严，利少利薄成为服装加工企业的普遍现状。面对着严峻的形势，创品牌成为晋江服装纺织走出困境的最佳途径。于是，服装品牌在晋江一带风起云涌，安踏、七匹狼、利郎、劲霸……一个一个品牌冲向服装市场。作为晋江重要的服装纺织产业，天守集团怎么办？蔡天守很清楚地知道：思路必须从怎么卖出更多的服装转向卖什么样的产品比卖服装更赚钱。

蔡天守总能别开生路，他的思路总是与别人不同。晋江民营企业兴起上市潮时，他了解自己的实力有差距，所以不赶这个潮，如今品牌潮涌上来，他该怎样决策？他明白，无论是上市潮还是品牌潮，都是晋江企业的创新尝试，没有这样的创新，企业就不可能健康发展，但创新不是赶时髦，而要从企业发展实际出发，要实事求是地向前迈进。面对瞬息万变的经济环境和竞争形势，蔡天守以变应变，但坚持正确的方向："如果选择对了，那就一对百对，如果选择错了，那就一错百错。"

天守集团该怎么选择？在这个以创新驱动发展的时代，在人人争先恐后、生怕一掉队就会一落千丈的市场竞争中，蔡天守保持着冷静的思考，他是从最底层奋斗上来的企业家，极其珍惜自己的每一个创造成果，他也极其珍惜同行们的每一次创新，他想到同行间的协同，尽管他不清楚有协同创新这样一个概念，但他知道闽南家族中家家都有群体意识，"一人主张，不值两人思量"。他想起同是晋江企业、一同到红色土地投资的安踏公司。此时的安踏，由于创新性地大胆启动"体育明星+中央电视"的品牌策略，已经竖起运动鞋品牌的旗帜，乘着东风，从生产运动鞋向生产运动服饰快速扩张。为此，安踏公司委托浙江一带的服装厂贴牌生产安踏的运动服装。但异地之间的协同，因客观距离的存在，沟通、生产与管理都受影响，影响企业效益与质量，深层的地域文化差异导致一些合作难以进行。蔡天守在这个时候看到与安踏公司协同创新的机会，他想："安踏有品牌优势，但自身没有服装加工厂，而我有成熟的加工厂，却没有服装品牌，两者刚好可以

优势互补。如果安踏与天守合作，天守不必再挖空心思、费尽人财物去创品牌，而安踏也不必重建工厂，还能就近生产，安踏研发部设计出来的样品，天守马上就能批量生产，既无须培训工人、远程沟通，又能节约成本、提高效益，何乐不为？"2006年，蔡天守找上安踏公司的总裁丁世忠，这两位晋江商界的好朋友商讨品牌服装生产的合作事宜。对于这个双赢的建议，两人一拍即合，很快形成共识：利用天守集团现有的厂房、生产线、熟练工人及产业链的整合优势，双方共同投资，创建安踏服装的专属生产基地——珊妮制衣厂，研发与生产"安踏"品牌专属的服装产品。

2007年11月，晋江东石镇梅塘村天守服装织造有限公司的服装厂改称珊妮制衣厂，这个工厂的五条现代化服装生产线，生产出来的运动服装都用一个共同的商标——安踏ANTA，在丁世忠的鼎力相助下，天守集团服装织造成功转型。

天守集团与安踏集团成功携手，为晋江、泉州同行开创了加工企业与品牌企业的战略合作模式，实现企业间的互赢互利，实现晋江企业的共同转型升级。

以四两拨千斤，天守集团就这样跨过企业打造品牌的发展阶段，让企业能将财力与精力用在"程控一代"建设上，进行设备与技术创新，实现转型升级。

实际上，打造品牌是天守集团一直以来坚持的战略。在全面的创新管理下，天守集团专门成立以总裁助理为首的领导组织，启动与落实蔡天守对创品牌的思路与战略。对内，狠抓产品质量，充实研发队伍；对外，建立售后服务体系，扩大品牌形象宣传。在品牌战略推动下，天守集团旗下的产品取得"质量与销售"双丰收。2004年4月，福建省人民政府认定天守服装织造有限公司

天守服装织造与安踏合作生产的名牌运动服装

晋江市天守服装织造有限公司生产情景

"Tian shou"牌休闲服与"tianshou"牌童装为"福建名牌产品"；2005年，天守企业被泉州市人民政府评为"2003—2005年度创名牌工作先进企业"；同年9月，"天守人造革/合成革"产品畅销国内外二十多个国家与地区，以全国第一名的排位入围并荣获"中国名牌产品"称号。2005—2006年，天守企业连续两年荣登《福布斯》中文版年度"中国潜力一百强"入选企业，跻身中国最具发展潜力的百强企业。

2009年12月20日，福建省经济贸易委员会、福建省企业与企业家联合会共同举办的"第十三届福建省优秀企业家"评选活动开启，评选活动历经推荐、初选、评审、公示等程序，用半年多的时间，从全省登记注册的各类企业的厂长、经理、总经理、董事长中，选出五十四位福建优秀企业家。蔡天守与福建七匹狼实业股份有限公司董事长周少雄、特步（中国）有限公司总裁丁水波、劲霸男装股份有限公司董事长洪肇明、艾派集团（中国）有限公司执行总裁柯天从等五位晋江籍企业家获"福建省优秀企业家"称号。

智能制造，创新提升产能

蔡天守的白手起家是从服装织造开始的，天守服装织造有限公司建立于1992年，直到2007年，一直从事服装加工，承接中低档外单。但进入二十一世纪后，低端产品很难在市场上生存，成本也越来越高。在这个时候，蔡天守提出与安踏协同合作，改生产低端产品为中高端品牌，以适应消费市场的需求。这时，泉州市政府、晋江市政府针对传统制造业资源约束趋紧，同质化竞争、创新能力不足等问题，提出从"数控一代"入手，从产业生态圈入手，从金融生态入手，推进"全流程优化、全链条协同、全要素整合"，优化产能，打造搬不走的优势和行业领先的竞争力。

企业，尤其是民营企业，其创新驱动、转型升级有时是由市场倒逼出来的。2007年，天守服装开始与安踏合作，为了适应安踏品牌对品质的严苛要求，蔡天守整批更换生产设备，巨资引进日本先进的全套流水线及相应的管理模式，精进工艺，精益生产，开始天守集团的"数控一代"。

天守服装的转型升级从设备技术开始，集团下属的天守服装织造有限公司近年来投入一亿五千万元，对整个公司的技术设备进行自动化数据化改造，一方面从法国、日本进口设备，一方面也从国内选择、购买知名的品牌设备，采用自动化智能化技术，保证服装质量，提高产能与效益。晋江天守服装织造有限公司叶宏思总经理，从车间工人做起，经过销售、采购，成长为集团高层管理人员。在蔡天守的关注培养下，他一步步成长成熟起来成为总经理，谈到公司的智能换代时，叶宏思介绍了天守服装引进智能技术后的变化："在2012年年底的时候，从产能来说我们做到四千多万，到2013年就基本做到七千多万，到2014年做到了差不多一个亿，以后每年基本保持百分之三十的增长。"增长的原因很简单，采用裁床进行自动裁剪，智能化之前需要三个人拉布，改为自动拉布机，一个人就可以完美完成；智能化之前裁剪中心需要八个人来做裁剪，现在用了美国进口的自动裁剪机，两个人就够了；像吊挂运送服装，智能化之前要二十个人才能完成的事，现在通过吊挂自动运行系统，产能也提高了百分之三十，整个吊挂系统从以前的一千件提高到一千三百件；还有专用机台的运作，

晋江市天守服装织造有限公司的现代化智能生产

智能化之后，只要通过一台专业机台，普通工就可以进行机台管理，而不再像过去那样，一个专业机台必须有一个专业技术人员操作；包括像打箱装箱程序，采用自动打箱机后，不仅节省人工，而且保证了打箱装箱的质量。就这样，通过智能化的改造，天守服装织造把所有需要员工操作的环节改用自动化智能化设备，借助于系统从开始到结束的完整过程的智能串联，达到高效益高质量。在服装行业，天守服装织造的设备虽不是最新的，但在整个服装织造过程的智能串联上，则走在服装织造的前沿。近两年，投入两千多万元引进智能吊挂系统，串联起前道工序和后道工序，一道流水线下来，布片不仅变成成衣，还熨烫好，包装好。

管理上，天守服装也借助大数据智能化，对整个企业与生产流程进行管理，提高内部管理的质量。他们与阿迪达斯、耐克一样，引进DNA管理，使用EAP软件，从产品开发、报价、采购、生产、仓储，到订单结算，每个环节进行管控，快速采集分析每个部门的数据，以控制成本、质量，减少失误，改善管理。叶宏思谈到天守服装的第二期工程时说："目前，我们已经率先引入国际、国内高端服装的研发，整合天守集团内部资源，从织布到染整再到服装公司全面大整合，形成服装产业生产链、企业链，以便在未来的竞争中占据更多优势。"

企业转型升级，使天守服装织造的产能提高了，管理水平提高了，天守员工的生活水平与工作条件也改善了，企业文化得以建设与发展。如今，工作时间短了，却能创造同样的效益，工厂再也不用加班加点来突击完成生产指标，员工有了更多的时间来参加培训，学习技术与文化，来与孩子、家人休闲活动。在提高企业自身智能化的同时，企业还改造员工食堂，增加服务的智能

内容，改善员工的就餐环境，提供免费就餐福利；为了解决员工的后顾之忧，企业还设立员工子女幼儿园，为员工解决孩子的就学问题，从幼儿园到小学、初中的就学都有保障，老员工的子女就业也给予力所能及的帮助与支持。与此同时，积极开展文化生活活动，如借助传统节日，开展丰富多彩的文艺体育比赛活动，提高员工的幸福指数，让企业成为员工的家园。所以，每年春节过后，天守企业的员工返回率都达到九成以上。

第十一章
登陆厦门的华丽转身

管理中枢落地高颜值、高素质城市

环岛路是集旅游、观光和休闲娱乐于一体的海滨绿色长廊，高大挺拔的椰树、四季盛开的鲜花、长年青翠的绿草，让人赏心悦目；湛蓝的天空、洁净的沙滩、广阔的大海，让游人流连忘返。走进环岛路观音山段，眼前便呈现出另一番充满生机、宏大和蓬勃朝气的景象，一栋栋现代化的高楼大厦风格各异、鳞次栉比，每一幢楼都是一个品牌，都是一个企业总部，这些产值税收过亿的总部大楼，正在书写着令人振奋的财富传奇。这里便是厦门观音山国际商务营运中心区，是海峡西岸规模最大、档次最高的商务营运中心，厦门总部经济的集聚地，它已经成为厦门又一张靓丽的城市名片，遐迩闻名。

在这张厦门靓丽的城市名片中，矗立着一栋二十九层的天瑞九九商务营运中心，这里是天守集团的管理中枢。2011年金秋时节，天守集团管理中枢入驻厦门环岛路观音山总部经济群二十九层的天瑞九九商务营运中心，这是天守集团实现转型，成长为有更强大竞争力和更优质现代管理结构的企业的重要举措。

经过改革开放的四十年洗礼，厦门已经成为颜值越来越高、经济活力亮眼的国际港口风景城市，金砖国家领导人厦门会晤

坐落在厦门观音山海边的天守集团总部大楼

期间，习近平主席盛赞厦门是高颜值的生态花园之城，是高素质的创新创业之城。越来越多的国内外知名企业踏浪而来，他们被厦门优美的宜居环境、开放包容的文化、文明和谐的社会氛围、国际一流的营商环境所吸引，扎根成长，厦门成为聚集新兴经济、新兴产业、国际知名企业的开放城市。2010年，作为厦门市的核心区，思明区率先提出打造海西总部经济聚集区，以吸引更多企业把总部落户厦门，加快建设东南总部经济高地。思明区制定了一系列优惠政策，促进知名企业在厦门生根发芽，发展壮大，走向全世界，成长为享誉全国乃至全球的品牌。在这之前，海西总部经济聚集区的蓝图已在临海环岛路观音山地段绘就，这个蓝图里，总开发建设用地一百三十四公顷，规划总建筑面积三百二十五万平方米。项目于2006年2月动工建设。

早在2002年10月，蔡天守就看上厦门的优势与潜力，尤其认可厦门的国际开放程度与影响力，对照企业自身的短板，努力将企业的发展与厦门这座特区城市更紧密地联系起来，创立厦门市天守投资管理有限公司。2007年1月，他抓住思明区观音山建设海西总部经济规划的机遇，经厦门发改委批准，投资近五亿元，在临海环岛路观音山开工建设二十九层的天守营运中心大楼，名天瑞九九商务中心。

2009年6月11日上午，天守营运中心大楼举行封顶仪式，这是观音山海西总部经济区国际商务营运中心自建区首排、最早封顶的总部大楼。大厦紧邻观音山梦幻海岸主题游乐度假区及沙雕文化公园，占地面积五万多平方米，总建筑面积五万八千平方米，高近一百米，地上主楼二十六层，地下三层，属一类高层建筑地标性甲级智能写字楼。整栋建筑立面造型呈现出简洁、明快、气

派的现代风格，办公、展示、研发、会议及员工活动等复杂功能蕴藏在大象无形的建筑形体之中，深藏不露，气度非凡。

2011年9月，天守营运中心投入使用，天守集团在厦门开始了自己管理中枢的运转。对于蔡天守来说，天瑞九九商务中心大楼，并不是摆设，他在这个地方找到自己要的东西，天瑞九九商务中心的打造："不仅能够吸引厦门大学、集美大学等本地高校人才，也能依托厦门本身优越的人居环境吸引国内外众多优秀人才的加盟、优化、壮大我们的团队。"这位晋江民营企业的创业者，自己文化程度不高，但非常清楚，经济主战场上的竞争最终是人才与科技的竞争。

天守集团的天瑞九九商务中心，业务上聚焦商贸业与物流总部经济，开展企业管理业务，发挥集团在企业管理与服务、结算中心、营销中心对外投资项目的职能，年贸易及内销的营业额达十亿元以上。从晋江到长汀、漳平，再从长汀、漳平登陆厦门岛，天守集团借力于厦门的区位优势、人才优势、科技优势与资金优势，结合产品制造与金融投资的结合、传统产业与高科技产业，完成华丽转身，走向高端，走向世界。

加盟上海原子通科技

2014年3月，距离天守集团总部落地厦门两年，创立于上海的原子通科技落户厦门翔安，2016年5月2日，原子通科技规划总建筑面积为五万平方米的生产研发基地举行奠基仪式。很少有人知道，这家中国著名的半导体科技企业的厦门奠基礼，是天守集团的加盟促成的。

党的十八大胜利召开以来，中国日益走进世界舞台的中央，中国的发展情况也越来越影响着世界的未来。正如十九大所宣告：中国已进入"决胜全面建成小康社会，开启全面建设社会主义现代化国家的新征程"。新征程新使命，对于民营企业来讲，是再度起航的大好机遇，也是不发展便要倒退便会死亡的挑战。怎么发展，往哪个方向发展，这对拥有数十亿资产的天守集团来讲是个严峻的考验。此时的蔡天守已经能在不同历史关节点把握机遇，迎着潮流而上，已是成熟理智的企业家，他懂得企业升级跨越的重要性，他清楚企业科技创新创业创造的关键。正在这个时候，2016年的春节，他从一个在原子通科技工作的回家探亲的亲戚口中获得好消息，原子通科技注意到厦门这个高颜值高素质的城市，这信息一下子就触及蔡天守那根敏感的神经。

原子通科技公司是一家不断创新突破的半导体科技企业，设有深圳分公司、上海分公司、广州分公司和香港分公司，在台湾

厦门市原子通电子科技有限公司外观

则与定颖电子合作设立研发分部，在美国硅谷，与谷歌和脸书合作设立研发分部，公司销售网络遍及国内一二线城市及美国、欧洲、中东等地。更重要的是，这家高科技企业担任着研发生产芯片的使命，这是探索中国急需的核心技术的使命，是国家的发展战略的重大需求。用蔡天守的话说："这是与国家顶层设计相关联的企业，我要加盟这样的企业，我们也就能更亲密地融入国家发展战略，为国家做点贡献。"于是，他找上原子通科技公司的董事长唐小树，表示："您来厦门，您需要我怎么投怎么参与，我就怎么投怎么参与。"蔡天守与安踏集团的合作，实实在在地尝到1+1>2的甜头，要与原子通这样的高科技企业合作，他就更加慷慨大方。

原子通科技就这样落户厦门。原子通科技的厦门生产研发基地第一期投入五亿元，用于厂房建设、产线架设、设备安装与研发投入。第二期投入五亿元，扩建厂房，扩充生产线，进一步提高研发质量，完善厦门原子通研发生产总部。目前，原子通科技厦门生产研发基地已从美国、台湾等地吸引许多优秀的半导体科技人才加盟，已与美国谷歌、脸书、微软等全球一流IT企业建立了长期稳固互信的业务往来，实现半导体存储器领域内的研发、生产、销售的全产业链覆盖。她的目标是，建成投产后的三年，稳步实现产值十亿，五六年，达到满负荷生产后实现产值三十个亿。原子通科技厦门研发生产总部要争当全国半导体存储器领域的领先者。唐小树表示，原子通科技正在研发并即将生产半导体固态硬盘，计划很快实现量产，实现半导体存储器的全类别覆盖。

加盟原子通科技的蔡天守，恰似身上生长出强劲的高科技翅膀，他站在天守集团总部的巨型玻璃墙幕前，望着眼前波光粼粼的厦金海峡，对未来发展充满信心。

十项创新驱动转型升级

天守集团的转型升级，靠的是创新驱动。蔡天守管理企业，强调抓住发展机遇，创新驱动发展，他提出并实践十项创新项目——市场创新、人才创新、机械创新、管理创新、产品创新、资金创新、社会创新、科研创新、文化创新、节能创新。

市场创新：天守集团致力于开拓国内外市场的分销渠道，派出专人到欧洲，与国外化工厂和国外经销厂家共同研究市场产品的走向，洞察市场趋势，引领行业方向。

人才创新：在人才聚集上，蔡天守深知民营企业家一定要通过人才队伍建设来摆脱局限，集团积极培养和引进科技人才，制定和实施一系列优惠政策，采用短期岗位培训，进行系统的知识补充和更新，选拔优秀人才到大学、国外进行专业深造；稳定企业高科技人才队伍。在天守集团形成感情留人、事业留人、机制留人的良好局面。

机械创新：进行机械改造，淘汰落后设备，引进先进的生产线，进行专人、专机、专产业，定人、定机、定产品；紧跟时代发展的脚步，对工厂、企业进行智能化改造。

管理创新：实施科学化管理，推陈出新，用新的模式替代旧的模式，不断挖掘内部潜力，将适合的人选安排到适合的岗位，合理化分配人才资源，建立起依靠企业整体素质实现持续发展的管理体系。

产品创新：时刻跟踪行业趋势与客户需求，满足现在的客户需求，挖掘可能的潜在需求，迎合未来的市场需求。

资金创新：科学合理化分配资金，提高企业现金流的管理水平，合理控制营运风险，提高企业整体资金的利用率，不断加快企业自身的发展，保证资金链的连续性和抗风险性。

社会创新：提出天守集团不是只追求利润的商业机器、经济机器，应当成为社会责任的践行者、行业问题的化解者、正能量价值的提供者。

科研创新：培育天守集团自己的知识产权文化，研制行业标准与实施技术标准，开发专利技术和品牌战略，每年投入研发费用不低于当年销售总额的百分之五。

文化创新：开展"为员工服务一条龙"活动，注重员工团队意识、生产技能、法律法规及规章制度培训，法定节假日举行文体活动，丰富职工业余生活。

节能创新：通过改进生产工艺，降低生产成本，治理回收塔，提高DMP品质，对锅炉进行节能改造，做到运行节能、优质达标节能、操作节能，达到锅炉安全经济运行，完善生产车间的废水循环使用，节约生产用水。

这十项创新项目的实施，有效推动天守集团走上新型工业化道路，实现技术进步，创造品牌产品，实现倍数裂变与扩张，促使天守集团成为在超纤、纺织、服装、房地产、酒店等行业均有突破的综合性跨界集团。

第十二章
创一流品质，建一流企业

转战漳平再出发

漳平，地处闽西山区，也是中央苏区龙岩市所属的县级市，因"邑居漳水上流、千山之中，此地独平"，所以取名漳平。漳平与长汀虽同属闽西，但地理位置却很不相同。漳平位于闽西东大门，福建省西南部，东毗永春、安溪，南连华安、南靖，西邻新罗，北接永安、大田，外接厦门、漳州、泉州等闽南沿海发达地区，内连闽、粤、赣腹地，有闽南金三角后花园之称。漳平于明成化七年置县，1990年撤县建市，通行闽南方言。九龙江横穿漳平中部，鹰厦、漳龙、漳泉肖铁路，岭和、福三、围禾省道纵横全境，"双永高速"（永春，永定）穿境而过。2008年，漳平市政府投资一点五亿元，开拓出万亩工贸新区，完成基础设施建设，组织人马到闽南、香港等地区招商引资，努力打造"山区前锋，沿海后卫"的漳平新世界。就在第二年，天守集团转战漳平再出发，设立天守（福建）超纤科技股份有限公司——建设中国最大最齐全的超纤合成革产业链生产基地。

2010年6月5日，在漳平工业区，天守超纤合成革生产基地举行盛大的奠基仪式，来自漳平市相关政府部门、中国塑料加工工业协会、中国塑料人造革/合成革专业委员会、新加坡晋江同乡会

天守（福建）超纤科技股份有限公司全景

以及香港、菲律宾、上海、广州、湖北、浙江及恒安、安踏、九牧王、特步、利郎、柒牌等几百家知名企业的三百多名重要客商出席了这场超纤科技生产基地的典礼。一时间，闽西东大门的漳平客商云集，知名企业汇合，一百多部接送客商的大巴小车，穿梭不断，声势浩大，构成漳平城夺人耳目的一道风景线，漳平破天荒地迎来自己盛大的经济节日。

天守超纤生产基地占地面积一千三百亩，总投资二十亿元，分两期建设。一期用地六百八十五亩，固定资产投资十点八亿元。作为福建省工业重点企业，天守超纤按照国家标准化厂房进行国模设计，一期完成建筑面积二十五万平方米的标准化厂房建设，从德国、法国、意大利进口核心生产设备，拥有完善的配套设施和全套后整理生产设备，拥有八条湿法合成革生产线、六条干法生产线、八条国际先进的超纤生产线、两条汽车内饰水性无溶剂生产线及聚氨酯树脂生产线，具备生产八千万米PU合成革、两千四百万米超纤新材料、一千万米汽车水性无溶剂PU革、十万吨聚氨酯树脂的能力，是福建省最大的PU合成革、超纤新材料生产企业，全球生产聚氨酯牛巴合成革规模最大的企业，产品主要用于鞋、箱包、服饰、家具、汽车内饰等行业。整个生产基地全部建成后，天守超纤的超纤复合材料、合成革、树脂综合产能将跃居全国前三，福建省第一，可实现年产值二十亿元以上。

天守超纤生产基地投产后，以一流的设备、一流的工艺和技术，生产海内外市场需要的高新聚氨酯产品，满足海内外客户的需求，很快成为全国十强合成革企业。2015年，当漳平市围绕着当好"山区的前锋，沿海的后卫"新定位，制定全力打造钢铁之城、纺织之城、建材之城、能源之城的规划时，漳平特别提出实

蔡天守董事长在天守（福建）超纤科技股份有限公司奠基典礼上讲话

施一批经济效益好、关联度高、辐射力大、发展动力强的大项目、好项目，以此来推动漳平产业的全面突围突破。在规划和建设方案中，天守超纤成为漳平市经济社会建设"全面突围突破"的希望，地方政府文件中特别指出："以天守、新纶、协龙等企业为龙头，加快漳平轻纺产业园建设，延伸上下两头产业链，加快超纤革、高档面料、服装等高端产品开发生产，将天守超纤打造成中国超纤合成革的领军企业。"

一流企业做标准

蔡天守要做中国超纤合成革的领军企业的追求，起因于他参与的一项科学研究，这项研究的成功，让他对自己要做一流企业充满了信心。

"一流企业做标准，二流企业做品牌，三流企业做技术，四流企业做产品"，这是蔡天守经常提起的竞争之道。行业标准之争其实是市场之争，掌握标准，意味着先行拿到市场入场券，甚至可成为行业的定义者。

早在2006年，蔡天守意识到人造合成革的前景与市场规范的必要，于是拨出一笔专款，向国家发改委提出申请，希望能参与"运动鞋用聚氨酯合成革"国家行业标准的制定。提出这一申请，是基于我国聚氨酯合成革发展迅速，鞋用真皮和普通皮革被运动鞋用聚氨酯合成革取代的比例不断上升，在这样的发展形势下，原有的聚氨酯合成革标准已不再适应行业的要求，制定新的标准既是企业的呼唤，也是市场的要求，势在必行，不能不做。

此时的天守集团，已拥有企业技术中心。2006年12月，从研

211

发需要与发展出发，集团又投入八百多万元充实完善实验室设备，改善技术研发中心建设的各项工作，以增强集团的技术创新能力和核心竞争力，被福建省科学技术厅评为福建省省级企业技术中心，在这基础上，设立福建省企业技术中心，大力开展聚氨酯合成革的研发工作，更被评为国家认定企业技术中心。2007年9月，天守集团加快高新技术承购的商品化、产业化和国际化进程，被评为"国家高新技术企业"，集团以更大的步伐向高新技术方向，尤其是聚氨酯研发高地，迈进。这些举措与成果，为天守集团成为国家标准《运动鞋用聚氨酯合成革》核心制定方创造了条件。2008年9月15日，国家行业标准《运动鞋用聚氨酯合成革》制定工作启动会在天守集团所在地泉州召开。这项标准的研制将适用于运动鞋用聚氨酯合成革，具体包括运动鞋用聚氨酯合成革的产品分类、产品的各项性能技术要求、相关检验方法及合格判定原则。会上，中国轻工业联合会综合处处长廖常京称赞蔡天守提出制定聚氨酯合成革新标准的眼光，肯定了标准制定的价值与意义，他说："该项标准的制定和完成，让合成革企业有了切实的参照细则，有利于合成革产业的生产规范与技术突破，提高企业的国际竞争力，也有利于下游产业的产品创新，从而使我国的合成革、运动鞋在国际竞争中处于优势之地。"他认为天守集团拥有品牌、地缘和技术三项优势，是制定标准的首选单位。泉州市技术监督局副局长庄冰心也认为："从原来的无标准到参考标准，再到制定标准，充分说明了天守集团的技术水平又迈上了一个新台阶。"

就这样，天守集团担负起制定国家聚氨酯合成革标准的使命。工作启动以后，天守集团以福建省企业技术中心为研发中心，邀请全国相关企业和行业专业人员，成立标准制定工作组，对同行

天守（福建）超纤科技的一流设备、一流技术

国家高新技术企业、国家认定企业技术中心、国家知识产权优势企业、
福建省科技型企业等奖牌、证书

业、制鞋企业及消费者进行调查，征求收集相关意见和建议；调集国外相关资料，参考国外先进标准和国内同行业标准，用两年的时间反复研究，完成标准的全面起草工作，得到业内一致好评。

2011年7月，中华人民共和国工业和信息化部发布公告，批准一百九十九项行业标准，其中，由天守集团研发起草制定的"运动鞋用聚氨酯合成革行业标准"获准通过，成为专项行业的产品标准。该标准规定了运动鞋用聚氨酯合成革的分类、要求、试验方法、检验规则以及标志、包装、运输、储存。标准适用于以布基、聚氨酯树脂等为主要原料，经湿法、干法加工而制成的运动鞋用聚氨酯合成革。标准的主要技术指标涵盖运动鞋所有需求，例如，耐水性、耐黄变性、耐磨性等，成为"国标性"的标准。至此，国内运动鞋用聚氨酯合成革有了自己的标准。天守集团，作为起草该项标准的唯一单位（企业），牢牢掌握聚氨酯合成革产品的话语权，掌控这一行业的制高点。

在研制聚氨酯合成革标准期间，天守集团的科技创新水平，伴随着自身行业标准的研制过程，日渐提升。2009年9月，天守集团被福建省科技厅、福建省经贸委、福建省国资委、福建省总工会评为"福建省技术创新工程创新型企业"（2007—2009年）。科技与创新，成为天守集团转型升级、企业放开脚步大发展的核心力量。

当超纤合成革的领军企业

　　以科技带动，以创新驱动，对蔡天守这位只读到初级中学的企业家来说，也算是个奇迹了。2006年年初，天守集团在老区漳平的天守超纤科技项目准备上马，根据国际市场超纤调研的情况，天守集团最初将在漳平的超纤项目的发展确定服装革为主攻方向。2007年年底，蔡天守亲自到国外市场考察，在考察中他发现到一个问题，仿麂皮超纤产品的服装材料虽然单价高，利润丰厚，但是由于技术本身及产品局限性，这类产品却难大批量生产，难于形成产业化局面，无法做到规模和质量同步扩大提升，但这时，中高端运动及休闲的鞋用皮市场已初见端倪。由于运动品牌的品质提高，国内外越来越多企业在关注与开发中高端鞋用皮革材料的前端市场，世界上高档运动鞋的制造业，有百分之九十以上企业都有采用超纤材料的意向。这一趟国外考察，让蔡天守洞察先机，他毅然决定改变漳平超纤的产品投资方向，由生产服装用超纤皮革产品调转成生产鞋用超纤皮革，正是这一前瞻性的生产方向转变，促使天守超纤科技的快速发展，天守超纤于2014年投产，2015年就实现翻倍增长，天守超纤科技完成从低端合成革生产向中高档超纤皮革生产的华丽转身。

　　2017年，投产了三年的天守超纤科技股份再一次转型升级。这一年，蔡天守以其敏锐的市场洞察力发现，近五年超纤鞋材一面快速发展，一面却出现发展瓶颈，超纤鞋材市场的快速增长，进入超纤鞋材生产厂家越来越多，竞争也越来越激烈，超纤鞋材的利润率不断下降，天守集团的超纤生产又一次面临考验，超纤企业要实现快速可持续发展，必须实现第三次转型升级。

蔡天守通过市场调研发现，汽车用的超纤皮革市场很有前景，以日本汽车用超纤皮革的产量为例，每年的产量都以两位数递增，2004年达到二百八十四万八千平方米，2013年达到五百六十七万六千平方米，到2017年则达到一千八百五十八万平方米，毛利润始终保持高水平，用量始终不断高增长，那时汽车用超纤皮革生产近乎被国外垄断，市场的销售增长和利润增长大都属于日本或意大利少数企业，由于技术壁垒，中国企业很难在汽车内饰超纤材料生产上占有市场，很难在汽车生产快速增长的市场上分到一杯羹。

而此时的中国，汽车工业作为民族工业的制造业，改革开放以来已经取得突飞猛进的发展。蔡天守算过一笔账，中国汽车生产与超纤皮革需求量的账，他预计中国2015年会生产汽车二千四百万辆，其中乘用车可达一千八百万辆，以每台车用十平方米座椅皮革计算，若有百分之三十采用超纤仿真革面料，仅乘用车就每年需要五千四百万平方米的超纤皮革，再加上汽车后市场的一半织物座椅进行后装改造，一部分二手车进行升级，则一年所需要的真皮及超纤皮革座椅面料就有五千万平方米到八千万平方米。由此推算，蔡天守意识到国内汽车超纤皮的巨大需求量，看到汽车用超纤皮革发展的广阔前景。蔡天守毅然决定，2017年要启动公司战略转型，进军汽车超纤皮革市场，计划用五年时间打造中国汽车超纤内饰领军企业，结束我国不能生产中高档汽车生态超纤皮革的历史，打破国外公司的技术垄断，建立自主知识产权，提高我国在高仿真超纤皮革市场的国际地位、市场议价能力和竞争力，不仅替代进口的汽车用超纤皮革，打破国外垄断，

出口创汇，为企业赚钱，为国家争光。

但汽车内饰市场是个国际性的高端产业，不同于民用市场，进入门槛相当高，不仅需要进行IF16949体系认证，还必须有严格、完善的质量管理体系和强大的市场开发团队及研发队伍，更需要进行高投入，要进行三至五年的市场拓展和技术积累。在这个市场面前，许多企业望而却步，生怕难以承受那巨大的投资与技术难题，在汽车市场研发上也是零基础的天守集团，同样面临这样的考验。

但蔡天守是晋江人，晋江"爱拼会赢"的精神在每一次转折的关节点上都给予他力量，他从战略眼光看到汽车超纤皮革市场的远大前景，看到超纤皮革替代真皮后生产成本、产品环保度及性能的优势，认识到汽车内饰超纤皮革市场虽然刚刚启动，却是汽车新材料生产的发展大势。一旦技术成熟，产品就能稳定进入主机厂家采购体系，再联系到汽车内饰发展的技术降成本要求及国家长期新能源发展战略，生产汽车超纤皮革未来必定有个稳定的市场，始终会有不断增长的订单和利润。

蔡天守一向谨慎投资，求的是稳健发展，一旦发现商机，也能说干就干，雷厉风行。天守超纤科技股份公司迅速设立汽车事业中心，组建独立的研发销售团队，聘用国内外高端销售及技术人才，聘请科研院所及国内外专家顾问团队，拓展国内外汽车内饰超纤皮革市场。

天守超纤股份与清华大学、四川大学、厦门大学、东华大学建立校企共研联系，拥有十年以上汽车专职中、高级工程师二十四人，申获一百七十项发明和实用新型专利，其中适用汽车超纤皮革专利二十五项，同时，公司研发团队承担或参与汽车方向盘超纤皮革行业标准等十三项国家行业标准的制定和起草工作。

目前，通过汽车团队不到两年的努力，天守超纤科技股份已经成为中国汽车内饰用超细纤维新材料技术研发中心、中国水性汽车内饰新材料研发基地、中国海岛超纤新材料研发基地及福建省最大的超纤复合新材料生产研发基地，成为国内第一家专业从事汽车内饰用生态超纤革生产研发的科技型企业，荣获"中国轻工塑料合成革十强企业"的称誉，是国内超纤合成革行业的领军企业，是福建省最大的PU合成革、兼具定岛与不定岛超纤皮革生产企业，也是全国唯一的超纤上下游产业链配置最全的企业。

天守超纤股份已经把汽车内饰皮革作为转型升级的发展战略，成立四大区域开发和服务汽车市场，目前和一汽集团、北汽集团、东风集团、上汽大众、一汽大众、吉利汽车、长城汽车、比亚迪、奇瑞汽车、众泰汽车、陕汽集团、潍柴集团、金龙客车、宇通客车建立了开发或供应联系。

自从确定汽车战略以来，天守超纤科技股份公司生产的汽车内饰生态超纤皮革、无溶剂PU皮革、光影革、波导革、石墨烯负离子超纤皮革系列产品已经通过美国的汽车内饰标准检测，天守超纤股份公司还与美国公司正式签署协议，这标志着天守超纤科技股份汽车战略的海外市场布局进入新阶段，海外市场拓展迈出坚实的第一步，不久的将来，天守超纤股份系列皮革产品将正式批量服务欧美各大主机厂，包括像路虎、猎豹、福特、特斯拉、克莱斯勒、通用汽车、里维安汽车等主机厂，同时以此为契机，锐意进取，深化改革，不断创新，深入挖潜，更好地服务国际、国内汽车内饰皮革市场，不忘初心，牢记使命，走出国门，为国

争光。

创新驱动、科技引领使天守超纤科技得以站上全国聚氨酯合成革生产的高地，也为推动下游产品创新创造基础材料提供了良好的条件，使得"中国合成革、运动鞋在国际竞争中处于强势之地"，为国家做出晋江人特殊的贡献。蔡天守是从市场上摸爬滚打出来的企业家，他特别看重市场行为，对市场有自然的敏锐感。在材料创新之际，他很清楚市场行为要与时俱进，材料再新也得抢占先机，也得以应用为导向，精准定位研发方向。正是这种从市场行为出发的应用研发，让天守超纤科技股份的产品得以广泛应用，目前天守超纤科技股份公司的超纤皮革已经用于生产华为、小米的手机护套及笔记本电脑包，其超纤皮革以自己的高新优质博得香奈儿、路易威登等国际品牌的青睐，成为国际品牌的供应商。天守超纤还关心中国足球的发展，研发出"幻彩足球革"，得到国家体育总局等相关部门的认证，成为足球的新材料，赢得众多订单。2015年，刚刚投产不久的天守（福建）超纤科技股份有限公司就创造年产值八点三亿元的惊人纪录。

蔡天守有个数字，他说："天守超纤生产的鞋材大部分返运、提供给晋江本土鞋服产业，剩余百分之三十出口。"在自身企业转型升级、走上科技引领的时候，蔡天守还致力于推动天守超纤合成革和晋江超纤革、合成革行业的协作，形成产业开发、配套协作、优势互补的技术创新联盟，带动上下游相关产业发展，形成拥有专利技术和自主知识产权产品的晋江鞋用合成革新格局，增强晋江鞋革市场竞争力，推动中国高密度生态聚氨酯合成革及超细纤维合成革的技术发展。

天守超纤落户漳平，改善了漳平市纺织产业结构，自身也成为闽西地区承接沿海地区产业转移的标志性成果，这对漳平加快万亩工贸新城建设，推进轻纺产业发展和启动新一轮面向闽南招商的发展规划具有重要的意义。谈到从挥师长汀到转战漳平，蔡天守感慨地说："我的事业在闽西，我要为闽西的招商引资和红色土地的发展倾注毕生精力。"在蔡天守的感召下，来自全国各地的数十家企业、数十亿资金涌入漳平市。风云际会，争立潮头，像天守超纤一样，漳平这个并不起眼的山区城市，一下子出现诸多著名企业。

第五篇

慈善家与人民代表的情怀

蔡天守说:"人生不是物质的盛宴,而是灵魂的修炼。用宽容和包容的心去感触生命中的人和事,用感恩和感动的心感激我们身边的人,这个世界就会变得更美丽。"

2011年,福布斯公布"2010中国慈善榜",蔡天守光荣登榜。

在家乡梅塘,在苏区闽西,在多个全国救灾赈灾的活动现场与贫困地区,都可以发现蔡天守捐资慈善公益的足迹。好善乐施的传统美德,感恩的心绽放而发扬光大。

第十三章
为了“一个都不能掉队”

一场特别的婚礼

2019年4月25日，这一天是农历己亥年三月二十一日，晚上，厦门海悦山庄酒店二楼海悦厅，柔和的灯光中，罗马时钟的意象在繁茂的粉色花丛与晶莹叶片簇拥下，构建出别致的喜庆景象，人们很容易从喜庆的氛围与环境布置发现，这是一对年轻人在走过人生的一段旅程后，来到生命的一个重要时刻，举行一次重要的生命仪式——结婚典礼。这里，蔡天守为自己的小女儿与女婿举行结婚大典。但出乎人们意料，这场结婚大典，并不像其他晋江人的婚礼那样豪华灿烂，而是以特别的方式进行着。

婚礼是中国这个诗礼之邦中的重要内容，从婚礼举行的那天开始，嫁娶双方就真正成人，他和她将担负起家庭的职责，将为这个家族、这个世界承担起薪火相传的使命。这些年，伴随着中国人的日渐富裕起来，人们对一辈子就这么一次的结婚典礼越来越重视，越来越珍惜，婚礼办得越来越隆重，越来越豪华。尤其是晋江等沿海一带的富裕城市，年轻人的婚礼甚至成为显富贵摆排场的舞台，那种给予聘礼嫁妆几个亿或数千万股份的场景，常常出现在富豪子弟的婚礼上，别墅豪车更是常见。在人们的想象中，蔡天守是拥有数十亿资产的集团董事长，最小女儿的婚礼，

他一定会大大方方出手，人们在等待着婚礼上的"奇迹"。

这个"奇迹"出现了，蔡天守"该出手时就出手"，然而，他并不是给女儿女婿大笔金钱大量财产，而是由天守集团捐资一千五百万元，作为家乡东石镇经济社会发展的慈善基金与支持老区建设、精准扶贫的善款义款，婚礼成为慈善捐资仪式。老区漳平市市委书记陈论生走上结婚典礼的舞台，代表漳平市委市政府从天守集团总裁、蔡天守的长子蔡裕泰手中接过天守集团捐献的一千万元善款。连城县委书记钟勇强从蔡裕泰手中接过天守集团的一百万元扶贫义款。长汀县委副书记李强接过天守集团捐赠的一百万元慈善义款。蔡天守故乡东石镇的党委书记洪建立同样从家乡赤子手中接受了三百万元慈善款。年轻人欢天喜地的婚礼，成为继承乐善好施传统美德的善举。一个个领导走上婚礼礼台接受捐赠时，满堂宾客响起雷鸣般的掌声。参加婚礼的人们一个个露出惊喜的神气，他们意识到，自己参加了一个特殊的婚礼，经历了充满人间大爱与大温暖的大典。

这个婚礼上的特别举动，还得从全国人民代表大会的召开说起。一个多月前，就在蔡天守为小女儿筹备婚礼时，从北京传来第十三届全国人民代表大会二次会议的消息：3月10日，习近平总书记参加了福建代表团的审议并发表重要讲话。讲话中，习近平再次重申，指出："要坚持'两个毫不动摇'，落实鼓励引导支持民营经济发展的各项政策措施，为各类所有制企业营造公平、透明、法治的发展环境，营造有利于企业家健康成长的良好氛围，帮助民营企业实现创新发展，在市场竞争中打造一支有开拓精神、前瞻眼光、国际视野的企业家队伍。"习总书记的这段话，让蔡天守很受鼓舞，想想自己从乞讨少年成长为企业集团的掌门人，这经历，让他特别感恩这个时代，感恩中国共产党领导下的这场翻天覆地的改革开放。今天，当民营企业改革发展进入改革开放的深水区的时候，党中央和人民政府如此关注民营企业的攻坚克难，习近平总书记如此强调支持民营企业的"两个毫不动摇"，连续担任三届省人大代表的蔡天守再一次被感动。蔡天守想起习总书记在人民代表大会上再次发出脱贫攻坚战号令，"要饮水思源，决不能忘了老区苏区人民""要做好革命老区、中央苏区脱贫奔小康工作"，习总书记的指示指向闽西山区。闽西是中央苏区的发源地，在中华民族伟大复兴的历史征程上，在黑暗的旧中国走向光明的新中国的历史旅程中，闽西人民为中华人民共和国的诞生抛头颅，洒热血，经历了最为艰难困苦的岁月。今天，当中华民族走向全面复兴的伟大新时代，富起来的中国人又岂能忘本，岂能忘了老区苏区人民落后贫穷的困境。确保闽西老区苏区"一个都不掉队"，全面建设小康，一个也不能少，是决胜全面建设小康社会的关键。

　　学习习总书记的讲话，已经将闽西当作第二故乡的蔡天守，自然热血澎湃，他决定为老区苏区的发展与人民的生活再增添微薄之力。为此，在红色土地上做出重要贡献的蔡天守，借小女儿结婚的大典，向闽西的老区苏区长汀县、漳平市及连城县捐献一千二百万元，为福建省的精准扶贫、精准脱贫、振兴乡村等慈善工作奉献一份力量。

　　捐献仪式结束后，蔡天守携着自己的小女儿，在《结婚进行曲中》缓缓走上典礼的舞台，当他将女儿交给女婿时，他对新人提出三点希望："希望你们多多地发挥正能量；希望你们相互恩爱、携手向前；希望你们牢记感恩，时时感恩。"女婿呼应道："正能量、

227

在小女儿与女婿的结婚典礼上，天守集团捐赠一千一百万元支持老区建设

在小女儿与女婿的结婚典礼上，
天守集团捐赠四百万元扶持贫困县、感恩家乡父老乡亲

恩爱携手、感恩，这是爸爸在人生道路上得到的宝贵经验，请爸爸放心，我们一定会牢牢记住的。"

"三心"是送给孩子的最珍贵礼物

借孩子的婚礼仪式，进行慈善捐赠，对于蔡天守来说，这不是第一次。2009年9月26日，蔡天守的故乡晋江东石镇梅塘村喜气洋洋，从"赤土埔"变成兴旺繁荣新农村的梅塘村，正在欢庆新农村的带头人、支部书记蔡天守家的大喜事。蔡天守长子蔡裕泰、长媳许德心在家乡举行结婚大典。第一次操办孩子的婚礼，无论对于蔡天守本人来说，还是对于这个有着血缘关联的梅塘蔡姓家族来说，这都是天大的喜事，人们期待一个超出人们想象的豪门婚礼。但超出人们想象的不是婚礼的排场，而是婚礼上蔡天守的举动。在大儿子的结婚典礼上，蔡天守向晋江市慈善总会捐出一千万元，设立"天守慈善基金"，建设梅塘村文化展览馆，还捐赠十万元设立东石镇困难党员帮扶救助基金，还从中拨出一部分款项设立"天守大学生助学基金"。婚礼上的捐赠，出乎人们意料，父老乡亲感到突如其来的惊喜，激动不已。对蔡天守来说，他选择在孩子的婚礼上来开展慈善活动，其一是让孩子感受并继承父辈乐善好施的传统，时时刻刻考虑别人的生活；其二则是在家乡带出新气象，移风易俗——富起来的人不能生活上比排场，应该在事业上比贡献。这个时期，蔡天守已经在晋江慈善总会里设立"天守慈善基金会"，每年从基金会中提取一部分钱，资助家乡那些亟需的建设项目。

2010年11月28日，蔡天守长女蔡美亮、长女婿蔡华坤结婚，他们的返亲庆典上，蔡天守以"天守慈善基金会"的名义捐赠五百万元；2016年10月17日，蔡天守儿子蔡裕泰借爱女蔡辰星满月喜庆，通过晋江市慈善总会向社会捐赠三百万元。在慈善事业这条路上，父子接力，子承父业，堪称佳话。

蔡天守在接受记者采访时表示："捐赠是企业家的义务和职责，只要力所能及，就会做自己应该做的事情。"他将社会慈善捐赠的仪式放在儿女的结婚或其他庆典上，用心良苦："我经常跟孩子说，如果有能力就要对社会尽一份责任，捐赠仪式让他们亲身感受一下，我觉得也是一种教育。我常对孩子们说，一个人要有'三心'：爱心、孝心和感恩的心。如果没有赚钱的本事，没有'三心'，父母留给你金山银山也没用，'三心'是我送给他们最珍贵的精神财富。"爱心，这是人类宝贵的情怀，也是中华民族"仁义"之邦的优秀品格；孝心，是中华民族独特的优良传统，是中国家庭伦理家庭亲情的独特表现，同样体现对他人的爱；感恩的心则代表了一个人的良知与品德，它是一种人间极其宝贵的情愫，不懂得感恩就不懂得回报，不懂感恩的人很容易陷进自私自利的泥潭而不能自拔。蔡天守就用这么简单素朴的人生道理教育着自己的孩子，用自己的实际行动感染着孩子，让他们能保持传承晋江人祖辈传下来的优秀品格，发扬光大民族乐善好施的义举。

"天守慈善基金"捐赠仪式，全国工商联副主席、晋江慈善总会会长许连捷接受蔡天守的一千万元捐赠

天守慈善基金会向晋江市慈善总会捐赠五百万元

蔡天守儿子蔡裕泰借爱女满月喜庆，通过晋江市慈善总会向社会捐赠三百万元

233

第十四章
用爱心衡量创造的价值

感恩生命中的所有遇见

"用心品味人生，用爱成就事业。人的一生能力有限但是努力无限。努力做一个善良的人，做一个心态阳光的人，做一个积极向上的人，你阳光，世界也会因你而精彩，感恩生命中所有的遇见！"这是蔡天守给朋友的"早安"问候语。蔡天守还经常说："只要帮助过我的人，我一辈子都忘不了。"这个从底层奋斗上来的企业家，这个经历过乞讨生活而发奋改变农村面貌建设新农村的带头人，最懂得人间的冷热酸甜，最能体验到人间爱的温暖，拥有最懂得感恩的人格魅力。因此，他在慈善事业上也永不止步。

从创业起步开始，蔡天守就表现出他那种感恩生命中所有遇见的温暖情怀。在晋江这个拥有许多知名企业家的地方，尽管蔡天守拥有的资产并非最大，但他却是人们心中敬佩的慈善家。

2008年5月汶川大地震，蔡天守向灾区捐赠服装一万多件，价值人民币四十多万元，组织公司员工举行爱心捐赠仪式，共捐款五万多元。在汶川地震严酷的抗灾救灾中，蔡天守意识到抗灾救灾、给人间温暖的爱是每个区域、每个城市乡村、每个人都应该长期具备的意识。于是，在2009年9月，他向晋江市慈善总会捐赠一千万元，创立天守慈善基金，这是他继2009年5月在苏区长

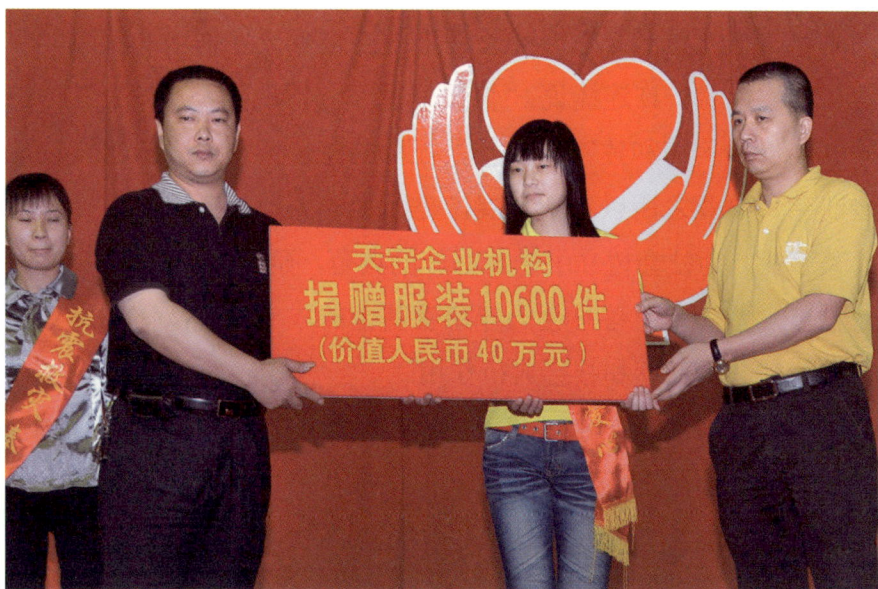

蔡天守向汶川地震灾区捐赠服装一万零六百件

汀倡导成立长汀县闽南商会慈善会后的又一个实实在在的慈善行动。

2009年9月28日，晋江慈善总会"天守慈善基金"在晋江宝龙酒店成立，来宾共同经历了播撒爱心、传递希望的温馨时刻，这一天，蔡天守捐出一千万元作为"天守慈善基金"第一笔善款。晋江市领导杨益民、尤猛军、王景星、周伯恭、曾清金出席捐赠仪式，晋江市副市长许宏图主持捐赠仪式，在现场，全国工商联副主席、晋江市慈善总会会长许连捷接过蔡天守捐赠的牌匾，向他颁发感谢状。许连捷说："慷慨解囊充分体现蔡天守先生弘扬中华民族传统美德和致富不忘回报社会的慈善情怀。"许连捷表示，晋江慈善事业之所以不断发展，是因为一大批企业家积极投身于慈善事业，为社会树立了乐善好施的典范，蔡天守就是其中一个。他指出，晋江市慈善总会天守慈善基金的成立，再次体现民营企业家的社会责任感和社会典范作用。

在晋江市创立天守慈善基金之后，蔡天守更牵挂家乡的远景，憧憬着故乡年轻人的茁壮成长，他在家乡梅塘村设立"天守大学生教育基金会"，支持与鼓励村里大学生的学习与成长。《天守大学生教育基金会章程》写道：

为了更好地关心下一代，提高梅塘村的教育水平，培育更多的人才，蔡天守同志于2009年10月以个人名义捐献人民币三百四十五万元，设立"天守大学生教育基金会"，用于鼓励更多的青少年继续深造学习，接受高等教育。

2011年8月25日，"天守大学生教育基金会"的又一次奖学助学金发放仪式在梅塘村举行，此次发放奖学助学金二十多万元，四十名梅塘村的大学生受到资助，这是"天守大学生教育

天守大学生基金会奖学助学发放仪式

基金会"自设立以来第三次发放奖学助学金。这三年蔡天守共发放六十多万元奖学助学金，有六十五名大学生受益。在奖学助学金发放仪式上，即将到福建师范大学就读的女孩蔡婷婷作为大学生代表上台发言，她激动地说："天守企业的关怀，不仅仅是物质上的资助，更是精神上的关爱，使我在踏入大学校门之际，真正懂得什么叫爱，什么叫温暖。"蔡婷婷用饱含感激之情的话语，说出梅塘村年轻大学生的心声。

这一天，蔡天守也对那些走向高等学府的梅塘村小乡亲寄予厚望，他说："十年树木，百年树人，你们是梅塘村的未来，是梅塘村的骄傲，你们要加倍努力学习，将来为国家、为社会、为梅塘村做贡献。"面对求知若渴的学子们，蔡天守语重心长地分享了自己的人生体会："我小时候因为没钱上不了学，深知上学的可贵。梅塘村过去之所以是泉州出了名的贫困村，原因也是没有人才。"他向乡里乡亲袒露，他之所以设立"天守大学生教育基金会"，资助考上大学的梅塘村的学子们，不仅是为了给考上大学的孩子的家庭减轻经济负担，更重要的是为了带动村里形成家家培养大学生的荣誉感，鼓励村民增加子女的教育投入，在全村形成尊重教育、尊重知识、尊重人才的氛围。他向获得奖学助学金的孩子们说："当然，我很希望受资助大学生学业有成，当你们学业有成有所成就时，也会力所能及地帮扶他人，回报社会，感恩这世界给予你们的所有人所有事。"

"用心品味人生，用爱成就事业""做一个善良的人，做一个心态阳光的人，做一个积极向上的人""感恩生命中所有的遇见"，这就是蔡天守这位从底层成长起来的晋江企业家的情怀。2009年11月6日，晋江市政府授予蔡天守"晋江市慈善家"荣誉称号；蔡天守继续荣获"中华爱国之星""福建省非公有制经济人士捐赠公益事业突出贡献奖""福建省光彩事业奖"等荣誉，福布斯公布的"2010中国慈善榜"，蔡天守也光荣地上了榜。

特别的爱献给特别的土地

走进新世纪后，伴随着山海协作曲的奏响，在蔡天守的带动下，晋江一批著名的企业家也涉身转型升级大潮，投身于苏区老区的建设，在长汀投资办厂，不仅将晋江的企业带到红色的山坳，也将晋江人特有的敢拼会赢的精神传播到红色苏区土地上，让拼搏的精神与革命的精神融为一体，晋江人还将特别的爱给了这片特别的土地。

2005年9月，在蔡天守等人参与的倡议下，龙岩第一家异地商会——长汀县闽南商会成立，参与创立这个商会的成员大多是晋江、泉州及其他闽南地区的著名企业家，这之中有天守集团董事长蔡天守、安踏集团董事长丁世忠、盼盼食品集团董事长蔡金垵、利郎（福建）时装有限公司总经理王良星以及王一平等著名企业的执掌人。这批闽南企业家"爱国爱乡、海纳百川、乐善好施、敢拼会赢"，在红土地上创业发展的同时，把这块土地当成第二个故乡，对这块诞生红色政权的土地有深厚的感恩之情，他们集聚众人力量，回报苏区人民的历史贡献以及今天给以闽南企业家的厚爱。

2009年5月24日，就在蔡天守连任长汀闽南商会第二届会长时，蔡天守向闽南企业发出倡议，成立龙岩的第一个异地闽南商会慈善会，以更好地为老区苏区人民排忧解难。蔡天守的提议立即得到闽南商会企业家们的呼应，闽南商会慈善会很快成立起来，蔡天守作为倡议者，他率先捐资八百万元为慈善会的善款。在长汀投资兴厂的闽南企业家们，看到蔡天守带头，更是不甘示弱，他们纷纷慷慨解囊。因此，长汀闽南商会慈善会成立时，闽南企业家就捐出五千零二十一万元，慈善会拥有了一笔不小的义款，得以更有效地更精准地开展扶贫、救灾、助残、助学等慈善工作。闽南商会慈善会的成立，成为长汀工商界的大事、创举，也成为革命老区百姓口中的美谈。

蔡天守将慈善作为自己的第二项事业，他说："我不是用金钱而是用爱心来衡量自己创造的价值。"自创业以来，他热衷参与各种慈善活动，将慈善行动作为人生奋进的目标，所到之处，留下他担负社会责任的身影与足迹。不止是梅塘、长汀，他也为龙岩连城县捐建体艺馆，为南平武夷山市捐建希望小学，向厦门爱乐乐团捐款，向晋江侨声中学、晋江乒乓球协会捐款。仅在长汀，他个人的捐款总数就多达近千万元，他为长汀抗洪救灾捐款，也为长汀保护古寺庙捐献修葺款，他捐款支援重建彭坊希望小学，捐款为河田幼儿园灾后重建，也捐资支持大学生希望工程·圆梦行动，他为腾飞警务站购置警务车，也为长汀县消防大队购置消防车，他的慈善捐款行为遍及长汀的山山水水。这一切，都凭着炽热的赤子之心进行，不求回报，不求扬名，扶贫济困，急公好义，公益行为没有任何功利性的心理，这正是蔡天守作为传承晋江人优良传统品德的难能可贵之处。

2008年2月的一天，蔡天守到长汀农村走访朋友。就在这次走访中，他无意间走进老区的光荣院、敬老院、福利院及救助站，这些机构是老区政府专门为红军失散人员、五老人员、残疾人、

蔡天守为龙岩市贫困县连城县捐建体艺馆

闽南商会慈善会成立，作为倡议者的蔡天守率先捐出八百万元善款

长汀县河田中心幼儿园建设开工仪式上捐赠合影

蔡天守在长汀县河田中心幼儿园建设开工仪式上与演出同学们合影

五保户、低保户、烈属设立的。蔡天守发现长汀的这些机构里没有电视机，想想这些为中国革命做出贡献的老前辈，蔡天守不忍心他们这样寂寞地活着，他觉得自己有义务让这些人通过电视看到祖国的沧桑巨变，看到改革开放后的祖国与家乡的新生活，他立即捐赠了价值三百零八万元的一千零八十台彩色电视机，这些山坳中的福利机构响起老人们的欢声笑语。

2010年龙岩漳平市发生"六一五"特大洪灾时，蔡天守赴受灾最严重的新桥镇仓坂村，向灾区人民捐赠了两百万元善款和价值三十万元的电视机并援建了一栋村委会办公楼。不仅如此，他还为灾后集中安置点暨新村建设奠基。"为漳平的受灾百姓献份爱心，是我应该做的，也是我的职责、我的义务。我相信，受灾群众在各级领导的关心帮助下，会在新的家园里过上更加美好的生活。"蔡天守动情地说道。

2016年7月，受台风"尼伯特"影响，漳平市溪南、吾祠、新桥等乡镇受灾严重，造成直接经济损失十亿多元。龙岩市委统战部、市工商联（总商会）第一时间向商会组织及广大非公经济人士发出倡议，号召全市广大非公经济人士发扬"一方有难，八方支援"的传统美德，紧急行动起来，积极参与抗洪救灾行动中，踊跃为灾区捐款捐物。蔡天守心系灾区群众，第一时间分别向溪南镇、吾祠乡各捐赠一百万元，帮助受灾群众战胜困难，早日重建家园。

2017年7月，福建省持续下起大暴雨，造成八闽大地多处受灾，洪水冲击着山丘江流，不少地区遭受严重水灾害，这自然也包括闽西山区，山洪的肆虐给人民的生命财产带来威胁。省总工会见此情状，倡议全省劳动模范积极行动起来，向灾区献上爱心，

蔡天守为老区的"五老"人员捐赠彩色电视机一千零八十台

通过蔡天守捐赠救灾款，龙岩市漳平仓坂村很快进行灾后重建

蔡天守向灾区吾祠乡捐款

蔡天守向灾区溪南镇捐款

捐款支持受灾地区的救灾抗灾工作。晋江市的劳动模范立即响应总工会的倡议，在很短的时间里就捐出六百多万元的救灾义款。这六百多万元中，就有蔡天守两次捐出的两百万元救灾款。

当省总工会发出倡议书时，蔡天守正在龙岩漳平的超纤科技公司，明了总工会的倡议后，他立即与晋江市总工会取得联系，决定向灾区捐出一百万元。之后，蔡天守便非常关注整个七月暴雨的发展及灾区受灾的情况，他从媒体上获知老区山区等地的受灾情况后，心里焦虑起来，又追加捐款一百万元。为此，蔡天守还特别在漳平的超纤基地上组织了一场捐赠仪式，通过捐赠现场，感染企业员工用实际行动支援灾区重建。《晋江经济报》为此于7月5日刊发了一篇报道，报道追加一百万元的过程。

将特别的爱给特别的红土地，这是蔡天守慈善事业中很让人感动的一笔。在他的影响下，长汀闽南商会的会员企业在努力创造经济效益的同时，不忘社会责任，不比阔气比贡献，不比财富比信誉，积极参与光彩事业和社会公益活动，商会也不定期举办"爱心伴你行""慈善阳光""共同架起爱的桥梁"等主题活动，在那片红色的土地上发扬光大晋江人的传统美德，让晋江精神焕发出更美丽更灿烂的光辉。

长汀县闽南商会2006年度工作总结中这样写道：

一年来，商会积极发挥桥梁纽带作用，共投入三百二十多万元用于支持社会公益事业，如：

上半年上杭一所学校倒塌，造成重大损失，学生无法安心、正常上课，龙岩市公安局打电话给商会，商会蔡天守会长得知消息后立即筹款，其中天守、安踏、盼盼、恒隆等企业共同筹集二十万元，帮助他们渡过难关。

　　商会还踊跃参与助学活动，为三个大学生解决学费困难，同时还为腾飞希望小学、消防大队捐款十万元；

　　为保一方平安，确保开发区内社会治安稳定，解决了腾飞警务站购买装备基金的困难，捐款五万元，帮助警务站添置装备；

　　在由龙岩市农办组织开展的赈灾捐赠活动中，天守、盼盼集团积极响应市委、市政府号召，筹得现金和物品共计三十七万元；

　　今年5月份以来，长汀县连降暴雨，灾情严重，造成了人员伤亡，百姓财产损失严重，商会及时引导委员企业弘扬互助精神，投身光彩事业，回报社会，有钱出钱，有物出物，有人出人，不到三天时间捐出赈灾物共计两百零八万元，有三十八家企业参与了这次的献爱心活动。

　　商会于今年设立"阳光教育助学金"，用于资助长汀老区品学兼优的贫困大学生，有利于推动长汀县教育事业的发展；

　　积极参与龙岩的文化体育事业，赞助十万元支持在龙岩召开的福建省第十三届运动会，赞助福建省体育事业的发展。

　　这些记载在长汀县闽南商会慈善会历史上的文字，闪烁着沿海晋江人对红色土地的大爱无疆。

　　蔡天守乐善好施的品格令人敬佩，2019年年底武汉市爆发新型冠状病毒肺炎疫情，牵动着全国人民的心。蔡天守听闻武汉疫情严峻，医护物资告急，国内专业医用口罩供不应求的消息后，立即联系境内外相关资源及生产厂家，通过各方关系找到一家韩国专业医用口罩的供应商，立即认购一批韩国高标准医护口罩，同时第一时间与湖北省红十字会联系确认捐赠事宜。

　　"疫情来势汹汹，但并不会将人们打倒，无数的医护人员无论生死奋战在前线，勇敢地坚守，为人民的生命安全保驾护航。

相比金钱，医护人员此刻更急需的是物资，我们能做的，就是帮忙筹集物资，为他们准备上战场的弹药，保护他们。"蔡天守表示将持续不断地关注此次疫情，行动不止。之后蔡天守陆续为家乡梅塘村村民、东石镇和东石派出所、漳平市人民政府及漳平开发区等地送去口罩和防护物资。

感谢信

福建天守集团有限公司：

在湖北人民抗击新冠肺炎疫情的关键时期，贵单位心系湖北疫情、情系荆楚人民、慷慨解囊、援手相助，为我们战胜这场疫情提供了有力支持和帮助，增添了信心和力量。对你们的爱心援助，我们表示衷心感谢并致以崇高敬意！

"一方有难、八方支援"是中华民族的传统美德。在全民阻击新冠肺炎这场没有硝烟的战斗中，贵单位积极响应党中央号召，通过我会向湖北捐赠款物，用实际行动为湖北人民献爱心、送温暖，充分体现了贵单位强烈的社会责任感，充分彰显了贵单位高尚的人道主义精神。病毒无情，人间有爱。贵单位的无私奉献和善行义举，湖北人民将永远铭记在心。

我们一定会用自己的行动传递你们的爱心，用辛勤的工作实现我们共同的心愿。我们坚信，有以习近平同志为核心的党中央坚强领导，有众多像贵单位一样的鼓励、支持和爱心捐赠，我们一定会取得新冠肺炎疫情防控阻击战的全面胜利。

湖北省红十字会
2020 年 03 月 06 日

湖北省红十字会写给天守集团的感谢信

第十五章
天道酬勤，守信笃诚

"当人民代表为人民"

2006年2月，福建省广播影视集团电视经济生活频道、福建省企业与企业家联合会、福建省企业评价中心联合考核评选，授予蔡天守"2005福建经济年度杰出人物"称号。评选单位给予蔡天守的颁奖词是：

他在社会主义建设的改革发展道路上不断开拓进取、永不止步。他是一个创业者，历经艰难困苦，以自己独特创新的经营理念，才有今天的"天守企业机构"。他就是蔡天守先生，一个善于识别和捕捉市场变迁战略机会的民营企业家，一个勇乘改革开放浪潮，不断创造辉煌人生的时代弄潮儿。凭借着他独特的人格魅力，重商务实、爱拼敢赢、冒险进取的精神和与时俱进的商业头脑，成就了天守的神话。

或许是蔡天守的人生旅程太丰富太传奇了，这个颁奖词便写得比较长，颁奖词称："天守的成长经历就像是一部精彩的电影，里面有太多的起伏曲折的传奇故事，其中的执着与艰辛，让人振奋，也让人感动，然而他却始终离不开'天道酬勤、守信笃诚'这八个大字的内涵。"颁奖词长是长了，但如果你已经了解了蔡天守这一生的多姿多彩，也就觉得这样的评价与描述也还是客观的。

蔡天守在"2005年度福建省经济年度杰出人物"颁奖典礼上

那一天，福建广电的直播现场，主持人问蔡天守："您在2005年为什么能够在创新力、影响力、贡献力、公信力等方面取得优异成绩？"蔡天守很爽快地简洁地回答："创'天人合一'的企业，做'守信于民'的楷模。"他说："企业做到一定程度后，赚钱也只是数字上的区别。钱这个东西生不带来，死不带去，一个人的真正价值不在赚钱上，而在于他为社会做了什么。"对于他自己的企业，他说，"追求利润不是天守企业的唯一目标，履行社会责任是天守永恒的使命"，"一个人真正的价值在于他为社会做了什么，而不是赚了多少钱"，"履行社会责任是天守永恒的使命"，这便是蔡天守的人生观、价值观与企业形象观，它很素朴很宝贵，也很富于启发性。

作为福建省与泉州市的人大代表，蔡天守在"为社会做了什么"来衡量自己的价值，他说："我当人民代表为人民。"

蔡天守担任过泉州市人民代表，又是第十届、第十一届、第十二届福建省人民代表，他虽然是一位企业家，但他当人大代表的十多年时间，做的发言、提的议案却都与农村的建设农村的发展有关，他用一个人民代表的身份感恩那片生他养他的土地。他说："我当代表这么多年，参加人代会审议发言，主要讲三农，从不讲自己的企业。"平时，虽然工作繁忙，文化程度不高，但依然挤出时间，向人请教，认真学习党的路线、方针、政策和国家法律、法规，不断提高自身的政治素质和议政水平。一有机会与时间，他便深入社会进行调查，认真听取群众的意见与建议。每次人代会召开之前，蔡天守就会抽出十五天时间，专门走访乡村，了解福建农村的建设发展情况，探求农民的最迫切的需求。他始终不忘人民的委托，主动担任人民利益的代言人。他在省人大会上，

253

蔡天守在福建省人大会议上发言

提出的建议大多是"农"字当头，"关于繁荣农村经济，加快社会主义新农村建设的建议""关于加大强农惠农力度，促进农民增收的建议""关于长期有效抓社会主义新农村建设的建议""关于加大村容村貌整治力度，提高农村精神文明建设水平的建议"等等，旧村改造、农民减负、农业结构调整等问题，都是这个出身于农村、在农村担任党的支部书记的人大代表最关注的问题，他在农村问题、新农村建设发展上倾注了大量的心血。

2011年1月18日，在福建省十一届人大四次会议召开期间，时任福建省省长黄小晶到泉州代表团参加审议。会议进行中，黄小晶指名要蔡天守发言，他想听听这位泉州市新农村建设的领头人的想法。那一天，蔡天守原本没有发言的准备，他坐在后排，当黄小晶省长让他发言后，他便移到前排就座，向省长和与会代表汇报对自己最关注的乡村规划问题的看法，他建议要加大投入编制乡村规划，开展村庄治理试点。蔡天守颇有见地的发言，引起在场代表特别是几位来自农村的代表的共鸣。他还根据自己的调查指出："现在各级政府对农村的投入还是太少，农村要发展，主要是加大投入。"蔡天守说："有的村一年纳税高达几千万元，而财政每年按每人十五元下拨，经济发展给农村带来的'三废'及社会治安问题越来越多，靠这么一点下拨的钱和村镇自己挣钱来解决农村问题，那远远不够。"蔡天守的发言得到省长的肯定，省长当即回应道："农村的环境污染问题早就该整治了。"

农村的环境卫生也是蔡天守比较关注的问题，担任人民代表期间，他曾有几个议案涉及农村环境与农村的卫生，他指出："有的村庄垃圾到处堆，缺乏相应处理措施，卫生状况差；房屋建筑不断向外扩张围建，村庄中心则放弃不管，任其荒废，影响村容

村貌，又造成治安问题和土地资源严重浪费。"指出这个问题的同时，他身体力行，履行代表的职责。解决梅塘溪的污染问题就是这方面的一个例子。

梅塘溪是晋江草洪塘水库及永和镇周坑村的排洪溪，全长八点五公里，流经东石镇数个村庄，两侧原本有大量的农田。改革开放初期，晋江民营经济兴起，梅塘溪上游的几个村兴起石材加工业，将大量石粉、石渣排入溪水中，致使周边农田无法耕种，导致汛期排洪不畅。梅塘溪严重污染，整条溪水都成乳白色，被人戏称为"牛奶溪"。

见此情状，蔡天守心痛不已，于是在市人大会上提出治理梅塘溪的建议，在各种场合为解决梅塘溪污染问题呼吁倡议，引起市政府的高度重视，于是市政府成立整治梅塘溪工作小组。但治理梅塘溪的污染问题涉及上下游的经济利益，受到行政区域管辖影响，政府治理计划与不同地段的项目施工不同步，治理中完成的河段由于不同区域完成情况不一，也存在难于上承下接问题，再加上执法监管和截流措施落实不到位，所以梅塘溪的河道淤积、水漂垃圾、水质恶化等问题仍然比较突出，挤占河道、污染水体等现象仍然存在，解决起来相当困难。但就是在这样的情况下，蔡天守发挥人大代表的作用，不厌其烦地进行监督，调查整理出存在的问题，提出解决、治理建议，在他的推动下，梅塘溪在走进新世纪后就得到整治，防洪排洪能力明显改善，内涝问题有效解决，碧水重现，得到广大群众的充分肯定。

天守集团董事长蔡天守在省第九次代表大会上投票

逐梦的蔡天守

2011年，是蔡天守担任梅塘村党支部书记的第十六个年头，这一年的《人民政坛》第六期推出专文《蔡天守追梦》，在推出专文的同时，《人民政坛》以"行源于心"发表卷首语，提出共产党员"如何不辱使命，赢得人心"的问题，卷首语称"蔡天守的事迹，也许可以为我们提供答案"。

在这篇卷首语中，《人民政坛》指出："在对自己梦想的追逐中实现生命价值的蔡天守，他的事迹，于平凡之中折射出理想信念，于平实之中彰显出人格魅力，于蒲塘之中展示出崇高境界。"文章还特地引用时任福建省委书记、省人大常委会主任孙春兰在晋江调研时说的话，她说："蔡天守同志的这种激情和这种感情，使我们非常受感动，也非常受教育。的确，我们每一位党员，每一位基层党员干部都能这样做，特别是党组织，在老百姓心目中的威信，就能进一步提高。"卷首语还特别指出蔡天守的"行源于心，力源于足"，认为蔡天守的事迹之所以感人至深，一是"因为他坚守共产党人的精神家园"，"共产党人的精神家园，基石是理想与信念，支柱是党性和民心，核心是奉献和牺牲"，蔡天守"因为他把人民的利益看得高于一切"，坚守住共产党人的党性与民心，所以事迹感人至深；蔡天守事迹感人至深的另一个原因是"因为他把责任看得重于泰山"，文章写道："身兼省市两级人大代表、村党支部书记、企业家多种角色，他意识到自己担当的政治责任、法律责任、社会责任的分量。"文章说："蔡天守的事迹再一次鲜明地告诉我们，全心全意为人民服务是共产党人的根本宗旨，需要付诸实践，身体力行；代表人民管理国家事务是人大代表的神圣职责，需要立言立行，取信于民。"

从1996年担任梅塘村党支部书记以来，蔡天守的企业拼搏不止，转型升级，他更多地是借助团队管理集团，他自己则将更多的时间更大的精力放在改变故乡的穷山困水上，放在苏区老区人民和家乡百姓的生活与发展上，以高度的使命感责任感将企业发展与父老乡亲、与老区人民的走向富裕道路联系在一起。正如卷首语《行源于心》所写："他创新村务管理模式，善于化解矛盾，把管理寓于服务之中；他创造积累财富的同时，慷慨回报社会；他不仅关心本地的经济发展，而且关心闽西革命老区的经济建设，联络省内外一批企业家一道支持老区建设。所有这些，都是强烈的责任感使然。"

2012年6月20日，就在梅塘村新一届党支部换届选举到来之前，担任了十六年之久的梅塘党支部书记蔡天守，向东石镇党委提交了辞去梅塘党支书职务的申请，他希望能有更年轻的党员来发挥先锋引领作用，希望年轻的党员能有发展平台，更快更好地成长与磨炼。递上辞职报告的十天后，他给父老乡亲与海外的梅塘侨胞写了一封信，向父老乡亲和海外侨胞表示感谢，说明了他辞去支部书记的考虑："首先，让我用最感激的心感谢各位父老乡亲、海外侨胞在这十六年来对我的关心和支持！"

对于这十六年来家乡父老乡亲艰苦奋斗所取得的成果，蔡天守掩不住内心的兴奋，信中写道："经过这十六年来的艰苦奋斗所取得的成果，在村两委、老协会共同努力下，在梅塘村党员、村民和海外侨胞的大力支持下，终于使得梅塘村摘掉贫困村的帽子，如今梅塘村已是闻名全省旧村改建新村建设的示范村，村工农业

259

蔡天守作为脱贫攻坚代表参加中央广播电视总台古田"心连心"主题党日活动

总产值已进入东石镇前茅。"

接着，他向父老乡亲报告了自己向党组织申请辞去梅塘村党支部书记，希望大家"共同培养年轻有为的接班人，给年轻人一个展示自我的平台，使得村两委的队伍能有序地、顺利地衔接"。

他向大家说明辞职的原因：一是因为天守的企业属于分散型企业，分布在晋江、厦门、长汀、漳平等地，与香港、台湾等地区和其他国家有商务往来，到处奔波，感到"身心疲惫不堪"，党支部书记又责任重大，他生怕耽误了党和梅塘村的工作；二是因为经过这十六年的奋斗，他的愿望已经实现，他说，"这十六年来我为梅塘村默默做奉献，从来不贪不取、廉洁奉公"，梅塘村终于旧貌变新颜，彻底告别贫困落后的帽子，自己的使命也就告一段落了。虽然他提出辞呈，但依然心系桑梓，继续为家乡的经济社会发展尽赤子之力。他写道：

"梅塘村是生我养我的美好之地，'树高千尺离不开根'，没有乡亲的挚爱呵护，就没有我天守的今天，我永远都是梅塘村的一个成员，也是一个共产党员，我会一如既往地关注梅塘村的发展，会为梅塘村取得的成绩而高兴。尽管我离开梅塘村支部书记的岗位，但我仍然会继续参与发展，我愿意为梅塘村的发展做力所能及的事情。"

虽然蔡天守向组织表示了不再担任村党支部书记的想法，但梅塘村的党员依然选举他为党支部书记，这一任又是几年时间。直到2016年，在他的一再坚持下，蔡天守才从梅塘村党支部书记的位置上退了下来。2016年2月7日这天，退下来的蔡天守收到梅塘村两委会和老人协会写给他的信，感谢他二十多年来为梅塘村和梅塘村的父老乡亲鞠躬尽瘁。信中说："蔡天守同志是位情系

261

家乡、心怀老人的好领导，任职期间，心中永远树立两个核心：一是如何带领群众致富，二是怎样为社会，为家乡做出更大的贡献！"感谢他二十多年的工作："含辛茹苦，受尽酸甜苦辣，把原梅塘村贫困落后的村庄改变成交通四通八达，破厝变成高楼大厦，成为市级'旧村改造'典型、示范美丽村居，深得广大群众有目共睹的赞许，深得上级认可。"信中还特别感谢他"心怀老人，弘扬孝道"的精神品质，称赞他二十多年来不计个人得失，不辞劳苦，不仅自己慷慨解囊捐资帮助老人们老有所学、老有所乐，让梅塘老人都享有养老金的幸福，而且主动积极向政府相关部门争取政策支持使得农村老人的日常生活得到保障，解决许多农村老人的现实问题与后顾之忧。这份感谢信感慨地写道："此恩此德，恩深似海，没齿难忘。"

"乡愁"是蔡天守心中永远的割舍不掉的美丽，无论他创业的脚步走到哪里，无论他的实业发展到什么程度，他都记得自己是晋江人，是晋江梅塘的儿子，都带着一颗永远感恩故乡的心。2020年，蔡天守看到家乡的老人越来越多，他又捐了一千万元，为家乡的老人建一座梅塘敬老院，以传统的建筑形态现代的设备，为家乡的老人提供了一处"老有所为，老有所学，老有所乐"的最佳大家庭。

"我人生只有两个梦想，甚至比我的生命更重要"，第一个梦想就是"带领我们梅塘村的人民群众共同富裕"，第二个梦想就是"我要为社会做出更大的贡献"。为了这个初心这两个梦想，蔡天守在"逐梦"的道路上撸起袖子砥砺奋斗，扬起了企业转型升级与"小村子、大梦想"的风帆。

蔡天守为家乡老人兴建的梅塘敬老院

附 录

序言作者黄文麟为蔡天守题字留念

题字内容：

企业家是企业的统帅和灵魂，

是改革和创新的重要力量，

也是推动经济社会发展的生力军。

附录二
蔡天守个人所获得的荣誉称号

- 1999年被晋江市委授予"优秀党支部书记"荣誉称号；

- 2001年6月在北京人民大会堂被授予"中华爱国之星"荣誉称号；

- 2003年5月被泉州市委、泉州市人民政府授予"泉州市劳动模范"荣誉称号；

- 2004年4月被福建省总工会授予福建省"五一"劳动奖章；

- 2006年2月被授予"2005福建经济年度杰出人物"荣誉称号；

- 2006年11月被龙岩市人民政府授予"龙岩市荣誉市民"荣誉称号；

- 2007年1月被泉州市委、市政府授予2006年度服务"三农"工作先进个人；

- 2007年3月荣获"全国商务系统劳动模范"荣誉称号；

- 2007年9月荣获"2004—2006年度福建省光彩事业奖"；

- 2009年11月被晋江市人民政府授予"晋江市慈善家"荣誉称号；

- 2009年12月荣获"第十三届福建省优秀企业家"；

- 2010年4月被国务院授予"全国劳动模范"荣誉称号；

- 2010年5月被福建省人民政府授予"福建省非公有制经济人士捐赠公益事业突出贡献奖"；

- 2011年6月被中共福建省委授予"福建省优秀党务工作者"荣誉称号；

- 2011年被福建省组织部、福建省宣传部邀请为福建省优秀党务工作者宣讲团团员；

- 2011年被中组部、中宣部邀请作为全国优秀党务工作者代表八个省进行演讲；

- 2011年6月被授予"全国建设社会主义新农村优秀共产党员新闻人物"（引领奖）荣誉称号；

- 2011年7月被中共中央组织部授予"全国优秀党务工作者"荣誉称号。

- 2019年9月被中共中央、国务院、中央军委联合授予"庆祝中华人民共和国成立70周年"纪念章。

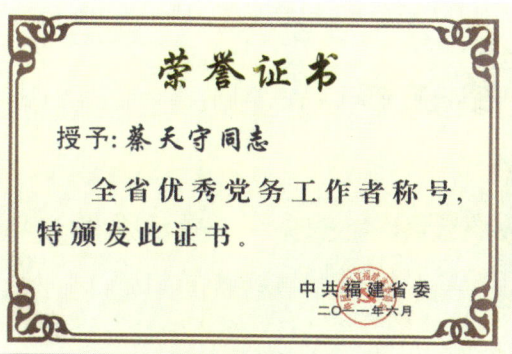

福建省优秀党务工作者

荣誉证书

NO.

授予 蔡天守 同志"全国商务系统劳动模范"
荣誉称号。

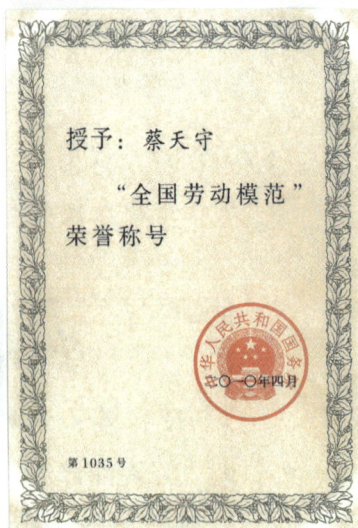

中华人民共和国人事部
中华人民共和国商务部
二〇〇七年

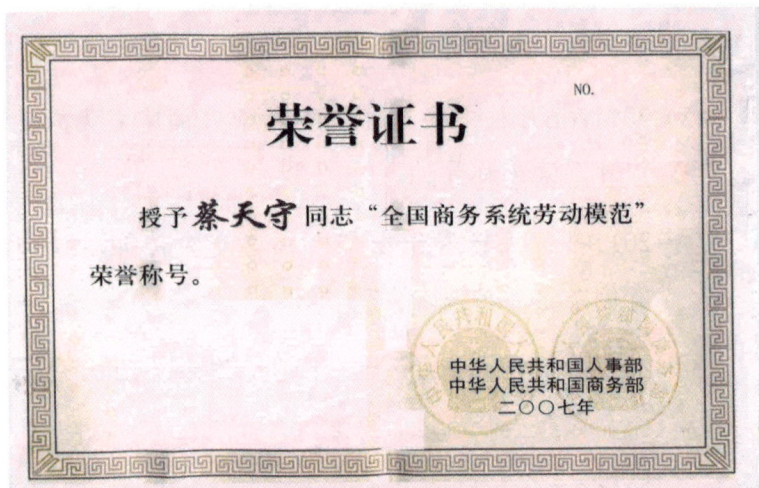

全国商务系统劳动模范

荣誉证书

授予：蔡天守

"全国劳动模范"

荣誉称号

第1035号

全国劳动模范

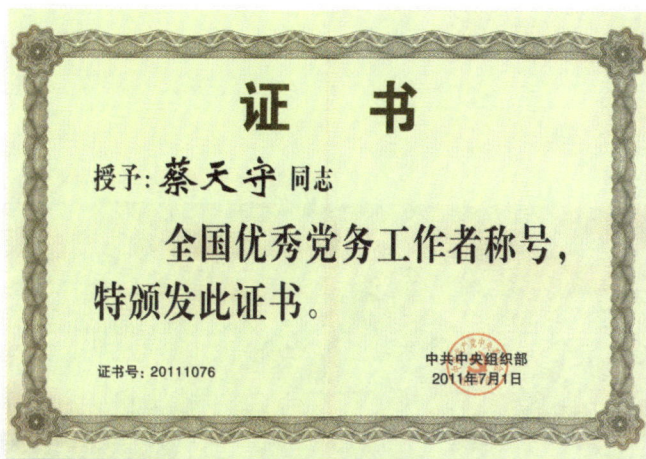

全国优秀党务工作者

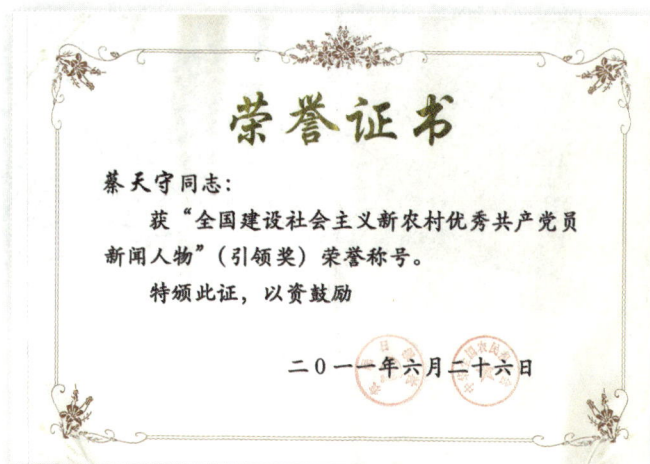

全国建设社会主义新农村优秀共产党员新闻人物（引领奖）

"庆祝中华人民共和国成立七十周年"纪念章